I0803883

¿QUÉ DICE LA GENTE ACERCA DE *MADURO...MÁS O MENOS*?

Durante demasiado tiempo, los "llamados" han sido principalmente pastores, pero la realidad es que todos en el cuerpo de Cristo son llamados. Este libro será una guía increíble escrita por un líder increíble que te ayudará a encontrar y cumplir tu llamado. Me encanta que entrelaza el llamado con nuestro caminar con el Señor. Léelo y aprenderás; practícalo y crecerás.

Bob Roberts, Gpastor principal global de la Iglesia Northwood
Autor de *Bold as Love: What Can Happen When We See People the Way God Does*

¡Me ENCANTA este libro! No importa dónde estés en tu camino espiritual, serás desafiado y animado a lograr un crecimiento espiritual más profundo. En este libro, Bill White nos da un entendimiento práctico de lo que necesitamos para pasar al próximo nivel con un sentido de propósito mayor.

Jim Burns, PhD, presidente de HomeWord
Autor de *Doing Life With Your Adult Children: Keep Your Mouth Shut and the Welcome Mat Out*

De vez en cuando comenzamos a leer un libro que no podemos dejar de leer. Este libro es uno de esos. ¡GUAU! Es un escrito inspirado por Dios. Transforma la vida y ofrece un esbozo de las diferentes etapas del crecimiento cristiano. Doctor Bill: eres un hombre bendecido por Dios, a quien Él está usando para causar un impacto..

Albert E. Dotson, Sr., PhD, presidente emérito de 100 Black Men in America; ex-presidente del Comité del Orange Bowl; diácono de Sweet Home Missionary Baptist Church, Miami, Florida

El Pastor Bill White es una voz en la cual confío. Él pinta un bello cuadro de cómo puede crecer nuestra fe en cualquier etapa de la vida. *Maduro... más o menos* es una lectura reconfortante para todos, más allá de dónde estemos en nuestro caminar con Cristo. Los nuevos creyentes serán desafiados a dar pasos audaces en su fe, y los creyentes más experimentados, a terminar firmes la carrera.

Ted Cunningham, Pastor, Woodland Hills Family Church, Branson, Missouri
Autor de *Fun Loving You*

¡Bill White lo ha logrado de nuevo! Desde su perspectiva de pastor experimentado, que verdaderamente cree que el Evangelio es la Buena Noticia para la gente en cualquier etapa de la vida, Bill ha creado una metáfora convincente de nuestro camino de fe. Con su típico estilo directo y cautivador, Bill argumenta que crecer en Cristo es una aventura de toda la vida para aceptar y transformar los varios desafíos que todos enfrentamos. Este recorrido con Cristo es la esencia de lo que significa decir que somos cristianos. Este libro será un excelente recurso para todos los que creen que el recorrido es el secreto para gozar de una vida eterna y abundante.

Bill Wilson, director de The Center for Healthy Churches

El pastor Bill me cautivó cuando resumió el motivo por el cual escribió este libro: ayudarme a lograr mi deseo más significativo, es decir, *cumplir la misión de Dios para mi vida.* De un modo pastoral típico, Bill nos lleva a través de los objetivos, desafíos y ajustes necesarios en cada etapa de la vida guiada por Dios, de una manera bíblica, ilustrativa y precisa. Para aquellos que quieren cumplir la misión de Dios en su vida, *en caso de que decidan aceptarla, Maduro… más o menos* les mostrará el camino a seguir.

Jim Tomberlin, pastor, autor y estratega eclesiástico

En los 45 años que conozco a Bill, su mayor deseo ha sido conocer y hacer la voluntad de Dios… ¡independientemente de si otros lo hacen o no! Él me tomaba el pelo (de buena manera) diciéndome que yo era un "niño de mamá". Pero como descubrirás en este libro, la fiereza y ternura del "amor materno" de Dios hace toda la diferencia.

David Ring, autor y evangelista

Maduro… más o menos es el libro apropiado con las reflexiones, los mensajes y los desafíos propicios para el mundo en que vivimos hoy. ¡Cuán brillante es sincronizar las etapas de nuestro crecimiento espiritual con las de nuestro crecimiento físico y psicológico! El libro habla a nuestro *intelecto,* educándolo; a nuestra *alma,* dándole la oportunidad para reflexionar; y al progreso tangible en nuestro camino espiritual, con las correcciones de rumbo necesarias que nos guiarán. Este enfoque "integral" para el crecimiento espiritual hará la diferencia en tu vida. Y para mí, al saber que no somos perfectos todavía, aunque siempre luchamos por crecer en la fe, tener la posibilidad de echar mano a *Maduro… más o menos* en busca de orientación, será un consuelo y un aliento. Entonces, en las palabras del pastor Bill, "Mantente curioso, mantente real y dedícate" mientras embarcas en tu recorrido de crecimiento espiritual, o continúas creciendo en él.

Ana Lopez-Blazquez, vicepresidenta ejecutiva, funcionaria principal de Transformación y Estrategia de Baptist Health South Florida; directora ejecutiva de Baptist Health Enterprises

Cuando conocí a Bill por primera vez, ¡él solo tenía 18 años y estaba tratando de entrar ilegalmente a mi iglesia por una ventana! Aunque el primer encuentro fue extraño, a partir de ese día, tuve el gozo de verlo crecer y observar cómo crecía su relación personal con Cristo. Mientras leía este libro y recordaba su caminar con Cristo, recordaba una y otra vez un tema recurrente en las Escrituras que sigue siendo cierto hoy. Como verás, todos los que vieron a Noé lo consideraban un loco; José parecía haber sido abandonado por sus hermanos; María era joven y estaba embarazada sin haberse casado; y Bill estaba intentando entrar en un edificio ilegalmente. Lo que le parecía malo o fuera de lugar al hombre era un paso adelante hacia la maravillosa voluntad de Dios que, hasta el día de hoy, continúa transformando vidas. Mi oración es que este libro te guíe hacia la madurez que Cristo tiene para ti, confiando y esperando en el conocimiento de que Dios es más fuerte, más sabio y más bondadoso que cualquier circunstancia en tu vida.

Pastor Ken Dodson, MEd, MA, LPC

En mi búsqueda para llegar a ser un ministro con visión misionera —Dios me había preparado para eso—, siempre he quedado maravillado de cómo Dios ha obrado en mi vida. El libro de Bill es un recurso sagrado que muestra de una manera práctica, profunda y personal cómo la mano de Dios nos guía para cumplir nuestra misión en la vida. Un punto en particular que hace que este libro sea de lectura obligada es que "el progreso es producto de un proceso". Recomiendo encarecidamente que leas este libro para que sepas cómo cumplir tu misión en la vida.

Reverendo doctor Carl Johnson, pastor de 93rd Street Community Baptist Church, Miami; capellán de Florida Highway Patrol Department; moderador estatal de Florida General Baptist Convention (la Convención Bautista de Florida)

Recomiendo este libro de todo corazón para obtener un entendimiento más claro de las etapas de madurez en Cristo. No importa la situación de la vida en la que te encuentres, ya seas uno de nuestros amados clientes de la comunidad

Ágape o uno de los que están encarcelados, este libro te guiará por el camino que Dios te ha dado para llegar a ser más como Cristo.

Reverendo doctor José Hernández, fundador de South Florida Jail Ministries & Agape Network; comandante retirado de Chaplaincy Services Bureau, Miami-Dade Corrections and Rehabilitation Department

Durante siete años, trabajé con el Pastor Bill White como asistente ejecutiva. En ese tiempo, pude experimentar su amor por Jesús y profunda convicción. Aunque atravesó muchas pruebas, tentaciones y tribulaciones, siempre lo vi firme en la fe y fortaleciéndose en el Señor. Algo que admiro de él como líder y hombre de autoridad es que siempre anima a otros a dar el paso hacia el propósito y destino que Dios tiene para ellos. Él fue un instrumento para que yo lo hiciera. Y en este libro, ¡hará lo mismo por ti!

Betty Lara, directora ejecutiva de Glory House of Miami, Inc.

El doctor Bill White nos ha provisto una detallada guía práctica sobre el discipulado y la madurez espiritual. Con una base bíblica sana, este libro examina el camino hacia el crecimiento y los frutos de nuestro andar cristiano de manera clara y concisa.

Pastor Erik D. Cummings, pastor principal de New Life Church of Carol City; presidente de Florida Baptist Convention

¿Cuál es la misión extraordinaria que te ha dado Dios ? En *Maduro… más o menos,* Bill White nos da un manual de aventura para explorar el logro más significativo de nuestra vida... nuestra misión de lo alto. Pasando por las etapas de la vida, desde recién nacido hasta padrino, aprendemos lo que significa cobrar vida en el Espíritu. En mi propia vida, Bill White me ha exhortado a hacer precisamente eso: a cobrar vida en el Espíritu. Como pastor y líder en la ciudad, él siempre ha adoptado una visión tan grande como Dios mismo. Estoy agradecida por tenerlo en mi vida. Recomiendo encarecidamente este libro, su obra más reciente.

Chris Lane, directora ejecutiva de National Christian Foundation, South Florida (Miami)

MADURO... más o menos

Tu misión de Dios, si eliges aceptarla...

Derechos © 2022 por Bill White
Todos los derechos reservados.

Ninguna porción de este libro puede ser reproducida, almacenada en una base de datos o sistema de recuperación, o transmitida en cualquier forma o por cualquier medio —ya sea electrónico, mecánico, fotocopiado, grabado o cualquier otro medio—, sin el previo permiso escrito de la editorial, con la excepción de breves citas en reseñas impresas.

A menos que se indique lo contrario, la versión de la Biblia utilizada en este libro es la NVI. LA SANTA BIBLIA, NUEVA VERSION INTERNACIONAL© 1973,1978, 1984, 2011 por Bíblica, Inc.® Usado con permiso.
Todos los derechos reservados mundialmente

Las citas bíblicas que llevan la sigla LBAD son extraídas de La Biblia al Día© Derechos Reservados por la Editorial Unilit. Usado con permiso de la Editorial Unilit Inc., Miami, Florida.

Las citas de la Escritura que llevan la sigla NTV son extraídas de la Santa Biblia, Nueva Traducción Viviente, Derechos © 2008, 2009, 2010 por Tyndale House Foundation. Usado con permiso de Tyndale House Publishers, Inc., Carol Stream, Illinois, 60188. Todos los derechos reservados.

Las Escrituras que llevan la sigla RVR60 son extraídas de la Santa Biblia, Reina-Valera 1960 © Sociedades Bíblicas en América Latina, 1960. Renovado © Sociedades Bíblicas Unidas, 1988.

Las citas de la Escritura que llevan la sigla NBLA son extraídas de la Nueva Biblia de las Américas ™ NBLA copyright© 2005 por The Lockman Foundation. Todos los derechos reservados.

Las citas de la Escritura que llevan la sigla BLPH son extraídas de La Palabra (Hispanoamérica) © 2010 Texto y Edición, Sociedad Bíblica de España.

ISBNs:
Versión impresa: 978-1-947505-44-5
Versión electrónica: 978-1-947505-45-2

Diseño de portada por Cindy Cohen, Maggen Creative, Inc.
Diseño interior por Anne McLaughlin, Blue Lake Design
Traducción al español por Conchita Ramos
Publicado por Baxter Press, Friendswood, Texas

Impreso en los Estados Unidos de América

A mis padres, William L. y LaVeta M. White, quienes

siguiendo el llamado de Dios de

"ir al Oeste", compartieron el Evangelio, su amor

y sus vidas con los pueblos nativos norteamericanos de Arizona:

los navajos, jopis, pimas, apaches, cherokees y cheyennes.

ÍNDICE

PREFACIO

¿Quién iba a saber que al llegar el año 2020 pasaríamos la mayor parte del tiempo sujetos a la directiva de "quedarnos en casa" a causa de la pandemia de COVID-19? ¡Qué año tan diferente del que cualquiera de nosotros anticipaba! Aunque nuestra iglesia eligió mantener la distancia social, nos mantuvimos conectados espiritualmente por medio de las transmisiones en vivo y el ministerio digital. Gracias a Dios, en 2011, Dios nos dio la visión de lanzar nuestros ministerios en línea.

También doy gracias porque este año me dio la oportunidad de desarrollar este marco de plenitud que nos da la Escritura para nuestro crecimiento espiritual. Este volumen tiene el propósito de ser el acompañante de mi primer libro, *Un reino inverso,* proveyendo a cada seguidor de Cristo pasos concretos a seguir para crecer hasta "ser llemos de la plenitud de Dios". Que tu capacidad de relacionarte con Dios se desarrolle en todas sus formas a medida que emprendes este camino.

Bill White

INTRODUCCIÓN

¿Sabías que hace 50 años, durante la misión Apolo 11, la nave espacial se desvió de su trayectoria un 90 por ciento del tiempo? Charles Garfield, un ingeniero informático de la NASA durante el primer aterrizaje sobre la luna, menciona este hecho notable en su libro *Peak Performers*[1]. Si los astronautas estuvieron fuera de curso por tanto tiempo, ¿cómo pudieron llevar a cabo la misión? La respuesta es: con las correcciones de rumbo. ¡Correcciones de rumbo rápidas! A través de una constante comunicación con el centro de control, pudieron hacer todos los ajustes necesarios en el momento, y al final tuvieron éxito a pesar de los desafíos. A propósito, el teléfono inteligente en tu bolsillo usa una tecnología 100.000 veces más poderosa de la que estaba disponible en 1969[2]. El aterrizaje sobre la luna ha sido anunciado como tal vez el logro más significativo del siglo XX, pero solo pudo lograrse gracias al sinnúmero de correcciones hechas durante el camino.

Este libro ha sido escrito para ayudarte a cumplir el logro más significativo de tu vida: tu misión de Dios, si eliges aceptarla.

Si alguna vez has anhelado tener una herramienta que te ayude a marcar tu progreso para llevar a término la misión que Dios te ha dado, este libro humildemente ha llegado a tus manos con ese fin. El libro provee un esbozo para que puedas manejar y monitorear tu propio avance espiritual. Es también un manual de aventura que te ayudará a establecer y mantener la trayectoria del viaje durante la misión.

En el programa espacial de los Estados Unidos, el centro de control tenía un plan y propósito claro para cada lanzamiento. Los astronautas de Apolo 11 cumplieron su propósito de aterrizar sobre la luna y regresar a la tierra porque se mantuvieron en contacto con el centro de control y siguieron su plan. Dios es nuestro centro de control. Podemos estar seguros de que Su propósito es mejor que todo lo que podamos imaginar, aun si a veces Su plan nos lleva en direcciones que no podemos comprender de inmediato. ¡Ésa es la naturaleza de una verdadera aventura!

Nuestra misión tiene dos esferas de influencia: la interna y la externa. El plan de Dios es que crezcamos, aprendamos y desarrollemos nuestro "espacio interior", y tenemos el privilegio de representarlo a Él ante la gente que nos rodea. (No, ellos no están en "el espacio exterior", pero te imaginarás a qué me refiero).

¿Cuán gloriosa es la misión de Dios? El apóstol Pablo la describe en una de sus cartas a los cristianos. Él dijo que Dios quiere que podamos "comprender... cuán ancho y largo, alto y profundo es el amor de Cristo; en fin, que (conozcamos) ese amor que sobrepasa nuestro conocimiento, para que (seamos) llenos de la plenitud de Dios" (Efesios 3:18-19).

¡Esto es extraordinario! ¿Qué significa "ser llenos de la plenitud de Dios"? Sin duda no lo sé del todo, pero si el Dios de los cielos quiere que yo sea "lleno de la plenitud de Dios", ¡yo me sumo!

Las etapas

En este libro, identificaré y describiré diez etapas de crecimiento espiritual. ¿Con qué rapidez progresarás a través de las etapas de crecimiento? Todo depende de cómo uses lo que Dios te da, de cuánto lo uses, de cuán pronto, y de cuán profunda y verdaderamente escuches al centro de control y hagas tus correcciones a medio camino. Tú eres el piloto y marcas tu propio ritmo.

La madurez espiritual no es cuestión de cuánto tiempo llevas caminando con Dios, sino de cuán verdaderamente aplicas Su Palabra. Es posible tener el mejor plan y el mapa más detallado y, sin embargo, no tener rumbo alguno. Pero cuando actúes, llegarás a tu destino y cumplirás la misión. Le pido a Dios que use este libro como una herramienta que trace el camino por delante para ti y para los que Él te llame a ayudar en el recorrido.

Notarás que el libro es presentado en un formato lineal de crecimiento, desde el nacimiento hasta la plena madurez. Al contemplar estas etapas y los títulos de los capítulos, quizás te des cuenta de que estás más adelantado en el camino y no simplemente empezando. Siéntete en libertad de adelantarte e ir directo al capítulo que más encaje con tu recorrido en este momento. Para aquellos de nosotros que activamente guiamos a otros, espero que los capítulos les resulten convenientes para estimular la conversación y fomentar el crecimiento en los discípulos deseosos de aprender a quienes sirves.

Erik Erikson era un psicólogo del siglo XX que creó una teoría de que cada etapa de la vida (identificó ocho) puede asociarse con una lucha psicológica específica relacionada con el desarrollo de la personalidad. Trabajar sobre cada una de las luchas resulta en una nueva virtud básica. Las etapas de Erikson estaban asociadas con los rangos de edades, aunque el progreso tenía que ver menos con la edad que con la capacidad de lidiar con cada lucha sucesiva.

Erikson conectó los aspectos sociales y psicológicos de la madurez, y yo creo que nosotros podemos asumir una perspectiva similar para la madurez *espiritual,* como se muestra en el siguiente gráfico. En mi ministerio, a través de los años, he notado que la gente avanza en su camino hacia la madurez a través de un proceso. Empezamos de abajo como recién nacidos a nivel espiritual y, luego, la esperanza es que continuemos madurando a lo largo de la vida.

El progreso es producto de un proceso, pero recuerda que estas etapas de crecimiento espiritual no siempre guardan correlación con el desarrollo físico. Por ejemplo, un bisabuelo a nivel biológico puede ser un cristiano "recién nacido", mientras que algunos jóvenes pueden mostrar niveles de madurez espiritual sorprendentes. El simple gráfico a continuación indica cómo Dios ha planeado que nos movamos hacia arriba y a la derecha mientras maduramos "hasta (llegar) a la plena y completa medida de Cristo."

La madurez en la misión que Dios nos ha dado

Etapa 10	Los padrinos
Etapa 9	Los abuelos
Etapa 8	Los padres
Etapa 7	El adulto
Etapa 6	El adolescente
Etapa 5	El preadolescente
Etapa 4	El niño
Etapa 3	El niño pequeño
Etapa 2	El bebé
Etapa 1	El recién nacido

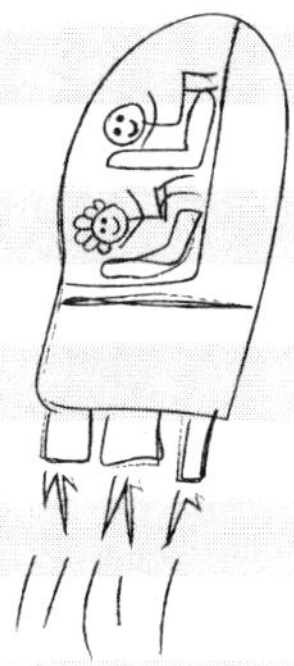

Yo lo concibo de esta manera:

- Las personas en las primeras tres etapas —los recién nacidos, bebés y niños pequeños— dicen: "Dame de comer".
- Las personas en las próximas tres etapas —los niños, preadolescentes y adolescentes— dicen: "Prepárame".
- Y las personas en las últimas cuatro etapas —el adulto, los padres, los abuelos y el padrino— dicen: "Sígueme".

En la octava etapa del proceso, también ofreceré mis observaciones acerca de las etapas de incredulidad. Ahí encontrarás una lista de recursos para ayudar a los pre-creyentes a pasar por las etapas de incredulidad y avanzar hacia su propia relación de salvación con Cristo.

Cambios de rumbo

A cada capítulo le siguen "Las Páginas de la Aventura" en tres partes: "El plan de vuelo del piloto" incluye preguntas para considerar respecto de tu crecimiento personal; las "Correcciones de rumbo" tienen un punto de acción que encaja con esa etapa y te ayudará a dar los pasos necesarios para pasar al próximo nivel, y "El diario del comandante de vuelo" ofrece consejos para los mentores y maestros que ayudan a otros a dar el próximo paso en su crecimiento.

El título que elegí para este libro es *Maduro... más o menos*. La mayoría de cristianos siente un poco de vergüenza si alguien le pregunta: "¿Eres espiritualmente maduro?". Siempre nos queda un poco (o mucho) por recorrer, ¿verdad? Siempre podemos hacer algo mejor y puede que suene arrogante o presuntuoso decir: "Claro que sí, ¡soy espiritualmente maduro!". La verdad es que siempre estamos tratando de alcanzar la madurez, haciendo lo mejor posible para progresar. Aun cuando hayamos progresado significativamente, todavía no hemos llegado a la meta, pero somos *maduro... más o menos*.

Por tanto, ¿en qué parte del camino te encuentras? ¿Cuán *maduro* eres a nivel espiritual? ¿Estás preparado para identificar las correcciones de rumbo necesarias que te impulsarán al próximo nivel? ¿Estás cansado de estar estancado, o de sentirte paralizado o sin rumbo en tu camino espiritual? ¿Estás abierto y dispuesto para recibir la verdad vivificadora de Dios?

Me imagino que la respuesta a todas estas preguntas es: "¡Sí!". Entonces, tienes que saber lo siguiente: mis oraciones y las de la iglesia Christ Journey, y las de nuestros intercesores guerreros, te acompañan a medida que aceptes la misión que Dios te ha dado y creces "hasta [alcanzar] la edad adulta, que corresponde a la plena madurez de Cristo".

PRIMERA ETAPA

¡NADA COMO UNA NUEVA VIDA!

EL RECIÉN NACIDO

"Los bebés son una manera tan linda de dar comienzo a las personas".

—Dan Herold

Es algo increíble, una verdad maravillosa y profunda, que Dios anhela amar a cada uno de nosotros como nuestro "Abba". Jesús dijo que había venido para ayudarnos a conocer y experimentar a Dios como Padre, a revelarnos Su relación poderosa y personal con Dios, a quien Él conoce como su Padre Celestial.

Abba es una de las palabras más íntimas y tiernas para el término "padre" en la Biblia. En arameo, significa: "¡Papi!". Cuando Jesús clama a Dios en el huerto de Getsemaní antes de ir a la cruz, Él ora: "*Abba,* Padre, todo es posible para ti" (Marcos 14:36).

Aunque parezca mentira, el Dios todopoderoso quiere amarnos a ti y a mí como un papá ama a sus hijos. Imagínate esto conmigo y pídele a Dios que te haga sentir lo que eso significa. Dios está tan lleno de amor por ti y tiene tantos sueños para ti que vino a la tierra como uno de nosotros para redimirte, restaurarte e impulsarte hacia la aventura plena de una nueva vida en Él. Ésta es mi oración: "Señor, ¡abre nuestros ojos para ver el plan que tienes para cada uno de nosotros!".

Alcanzar, estirar, crecer

¿Qué tienen los niños, que siempre parecen estar en camino al próximo nivel? ¿Lo has notado? No importa la edad, siempre están progresando. "Tengo cuatro años. Voy a cumplir cinco". O, "¡Tengo seis años y *medio*!". O, "Tengo *casi* ocho años". Los niños saludables tienen algo que los mantiene con la mira puesta hacia donde van, y no solo donde han estado o donde están.

Lo mismo sucede con los niños espirituales saludables. De alguna manera, saben que no pueden quedarse donde están ni donde han estado. Están creciendo y en camino al próximo nivel. Dios quiere que todos sus hijos vayan camino a la madurez, creciendo de forma productiva, saludable, llenos de gozo para cumplir Su misión en la vida. Pero todo comienza en algún lugar. Empieza por conocer a Dios como el dador de la vida y experimentar tu nueva vida en Cristo. Tu camino espiritual comienza cuando recibes de *Abba*, tu papi espiritual, la nueva vida en Cristo.

Sin duda, no estarías leyendo este libro si no estuvieras interesado en cómo crecer espiritualmente, pero Jesús enseñó que el crecimiento espiritual es mucho más que la religión, con sus rituales y reglamentos, y mucho más que una "espiritualidad" etérea o una filosofía esotérica que promete conectarte con el universo. Jesús enseñó que necesitamos algo más que una Nueva Era. Necesitamos una nueva vida. Necesitamos un nuevo nacimiento.

El origen de todo

Como en la vida física, la vida espiritual también comienza con el nacimiento. Cuando Nicodemo, el fariseo curioso, buscó a Jesús para hablar de cosas espirituales, Jesús le dijo: "De veras te aseguro que quien no nazca de nuevo no puede ver el reino de Dios" (Juan 3:3). Nicodemo se quedó perplejo. Su capacitación religiosa no lo había preparado para entender eso, y su confusión se exacerbó cuando trató de tomar literalmente el comentario de Jesús. Pero Jesús le explicó que Él hablaba de un nacimiento *espiritual* (Juan 3:5-6).

Para Jesús, una cosa es nacer físicamente, y otra muy diferente es cobrar vida en el Espíritu.

Para Jesús, una cosa es nacer físicamente, y otra muy diferente es cobrar vida en el Espíritu. Entonces, la pregunta es: ¿Has nacido del Espíritu? Ésa es la acción que da inicio a la vida espiritual y al crecimiento. Jesús quiere que todos cobren vida con la vida espiritual de *Abba*, y todo comienza con el nuevo nacimiento. (Para aprender más acerca de cómo nacer de nuevo, consulta el apéndice).

Jesús declaró que los seres humanos tienen la capacidad increíble no solo de crecer físicamente, sino también de cobrar vida y crecer espiritualmente al mismo tiempo. Este capítulo aborda el tema de cómo crecer como un recién nacido espiritual.

Uno de los maravillosos privilegios que tengo como pastor es celebrar a los bebés que han sido acogidos en las familias de incontables parejas a través de los años. ¡La maravilla y el milagro de un niño recién nacido nunca pasa de moda! ¡Pocas cosas en la vida se comparan con lo que sienten los padres cuando miran a los ojos de su nuevo bebé! Luego, muy pronto, todo padre también comprende por qué ésta es la etapa que llaman "el tiempo cuando nadie duerme, todos huelen, y una diminuta persona que no puede hablar tiene el poder de convencerte: '¡Te necesito ahora!'".

El famoso proverbio africano nos recuerda: "Se requiere una aldea para criar a un niño". A nuestra iglesia, le encanta ser esa aldea, ayudar a las familias y acompañar a los padres en el crecimiento de sus hijos. Cuando alguien en nuestra iglesia tiene un bebé, de inmediato lo recibimos en la familia. Todos los domingos, en todos nuestros diferentes campus, un equipo de líderes bien capacitado y cuyos antecedentes han sido verificados, cuidan de los miembros más pequeñitos y vulnerables de la familia de Christ Journey bajo la dirección de nuestro equipo de Ministerio Familiar. Nuestra directora del jardín Coral Gables, Jenny

Estrada, los llama "los pequeños genios", porque sus mentes están abiertas al mundo. Desde la más temprana edad y las primeras etapas de la vida de estos pequeñitos, nuestros dedicados cuidadores los cubren en oración, les cantan canciones de adoración y les susurran la Escritura en esos oídos diminutos.

Es tan frustrante que durante esta pandemia (¡espero que cuando leas esto ya haya pasado!) no pudimos reunirnos para exclamar con admiración sobre nuestros nuevos bebés. El nacimiento de un bebé es un momento para celebrar juntos y saturar al niño y a sus padres con amor. No vemos la hora de poder hacerlo nuevamente en persona.

Mientras tanto, seguimos celebrando la nueva vida física y el anticipo de un camino espiritual para los recién nacidos en nuestra comunidad. Una enfermera de nuestra congregación está a cargo del ministerio de mantas en el hospital local donde nosotros damos una manta de regalo a todo recién nacido. Queremos que toda familia sienta el calor del amor de Dios y la cobertura de bendición de la oración. Nos preocupamos por las necesidades físicas de los niños y sus padres, pero no descuidamos la importancia de sus necesidades espirituales.

¿Cuáles son las necesidades de un recién nacido? Aquí corro el riesgo de simplificar demasiado, pero quisiera sugerir tres que se aplican a los recién nacidos a nivel físico y espiritual, y me enfocaré en el impacto que tienen en el crecimiento espiritual. ¡Un recién nacido necesita que lo amen, lo alimenten y lo cambien!

Un recién nacido espiritual necesita que lo amen.

La primera necesidad de un recién nacido

Primero, un recién nacido espiritual necesita que lo amen. Así como los bebés biológicos necesitan sentirse amados, valorados y afirmados por sus padres, hermanos y abuelos, los recién nacidos espirituales necesitan conocer y sentir el amor de Dios por ellos en su familia espiritual, la Iglesia. ¡No debe sorprendernos que casi todos los autores del Nuevo Testamento le piden al pueblo de Dios que se anime mutuamente en el amor de Dios!

En su carta a los Romanos, el apóstol Pablo les dice a los hijos de Dios de todas las edades: "Estoy convencido de que nada podrá jamás separarnos del amor de Dios. Ni la muerte ni la vida, ni ángeles ni demonios, ni nuestros temores de hoy ni nuestras preocupaciones de mañana. Ni siquiera los poderes del infierno pueden separarnos del amor de Dios. Ningún poder en las alturas ni en las profundidades, de hecho, nada en toda la creación podrá jamás separarnos del amor de Dios, que está revelado en Cristo Jesús nuestro Señor" (Romanos 8:38-39 NTV). Los recién nacidos espirituales necesitan saber que son apreciados sin condiciones, y que están profundamente conectados con el amor inconmovible de *Abba*.

De la misma manera, el apóstol Pedro anima a la joven iglesia dispersa por todo el Imperio Romano con estas palabras: "Ahora tienen que amarse unos a otros como hermanos, con amor sincero. Ámense profundamente de todo corazón" (1 Pedro 1:22 NTV). Un poco más adelante en la misma carta, hace hincapié una vez más en el llamado: "Lo más importante de todo es que sigan demostrando profundo amor unos a otros, porque el amor cubre gran cantidad de pecados" (1 Pedro 4:8 NTV). Todo recién nacido espiritual necesita ser rodeado del "amor que cubre pecados" en su nueva familia de la fe.

Todo recién nacido espiritual necesita ser rodeado del "amor que cubre pecados" en su nueva familia de la fe.

Pablo ha sido llamado el apóstol de la fe. Pedro, el apóstol de la esperanza. Y Juan, el apóstol del amor. Mira lo que Juan escribe a sus hijos espirituales: "Queridos amigos, sigamos amándonos unos a otros, porque el amor viene de Dios... Dios es amor, y todos los que viven en amor viven en Dios... Y él nos ha dado el siguiente mandato: los que aman a Dios deben amar también a sus hermanos creyentes" (1 Juan 4:7,16, 21 NTV).

Entonces, a los líderes de la iglesia y los cuidadores que estén leyendo esto ahora mismo: ¡debemos cultivar una comunidad de amor! ¿Cómo? Aceptando, afirmando, respetando y valorándonos unos a otros en Cristo, y ofreciéndonos unos a otros el amor de nuestro Abba Padre, así como lo recibimos de Él. ¡Los recién nacidos espirituales necesitan mucho amor para poder crecer! Marca tú el paso, haciéndoles saber a tus nuevos hermanos que los conocemos, los amamos y los necesitamos en la familia. Préstales atención. Preséntate. Invítalos e inclúyelos en tu grupo y tus actividades, tus llamadas por Zoom y tus chats en grupo. Todos necesitamos ser amados, ¡pero sobre todo los nuevos en la fe!

Y si eres un recién nacido espiritual, por favor, déjate amar. No te aísles. Conéctate. Deja que otros te conozcan. Déjate ver. Preséntate. Aun si sientes timidez o te sientes un poquito extraño (¿y a quién no le ha pasado alguna vez?), tu derecho de nacimiento de parte de Dios es conectarte con un grupo en la familia para recibir nutrición y compañerismo. Déjate amar y asegúrate de ser parte de algo, pero no te detengas ahí.

¡Tienes que comer!

Los recién nacidos necesitan amor, pero también nutrición. Durante los primeros meses de vida, los bebés necesitan que se los sostenga y alimente casi constantemente (por lo visto, así parece). El experto en desarrollo infantil, D. W. Winnicott dijo una vez: "No hay tal cosa como un bebé, porque un bebé no existe por sí solo"[3]. Él quiere decir que para un bebé es imposible existir sin el cuidado que le ofrecen sus padres y otros cuidadores.

Un recién nacido espiritual necesita ser alimentado.

Un recién nacido espiritual necesita ser alimentado. Si eres nuevo en la fe, ¡es imperativo que te alimentes con la Palabra de Dios! Es absolutamente esencial que los creyentes maduros y los recién nacidos se alimenten con la Escritura para disfrutar de salud y bienestar espiritual. Muchos creyentes padecen de malnutrición espiritual porque han abandonado la dieta sólida y balanceada de la verdad de la Biblia.

Jesús dijo: "La gente no vive solo de pan, sino de cada palabra que sale de la boca de Dios" (Mateo 4:4 NTV). En ese momento tenía hambre, después de haber ayunado 40 días, y estaba respondiendo a la tentación del diablo de convertir las piedras en pan. Jesús se enfrentó al tentador, afirmando que su verdadera nutrición provenía de la Palabra de Dios. Los guerreros espirituales experimentados saben que para tener salud y fortaleza espiritual es absolutamente necesario nutrir sus espíritus a diario con la Palabra de Dios

El siervo fiel de Dios, Job, soportó el dolor, la confusión y las batallas de sus muchos adversarios. ¿Cómo? Les explicó: "No me he apartado de sus mandatos, sino que he atesorado sus palabras más que la comida diaria" (Job 23:12 NTV). Jeremías, al que conocemos como el "profeta llorón" por las dificultades que enfrentó mientras sufría por su nación, encontró consuelo para su corazón. ¿Dónde? "Cuando descubrí tus palabras las devoré; son mi gozo y la delicia de mi corazón, porque yo llevo tu nombre, oh, Señor Dios de los Ejércitos Celestiales" (Jeremías 15:16 NTV).

¿Dónde encontró el rey David la sabiduría, el sustento y la fortaleza para cumplir con la tarea de liderar a su pueblo? En el Salmo 19, escribe que la Palabra de Dios en todo su esplendor fue su recurso para vivir y dirigir. Él comenta no solo sobre su valor nutritivo sino también sobre el sabor: "[Las leyes del Señor] son más dulces que la miel, incluso que la miel que gotea del panal" (versículo 10 NTV). En Su Palabra, Dios ha preparado una mesa para nosotros, y en ella encontramos nuestra nutrición diaria.

Una de las instrucciones finales de Jesús a Pedro fue: "Alimenta a mis corderos... alimenta a mis ovejas" (Juan 21:15,17). Pedro no se olvidó de eso. En su primera carta para animar a los creyentes escribió: "Como bebés recién nacidos, deseen con ganas la leche espiritual pura para que crezcan a una experiencia plena de la salvación. Pidan a gritos ese alimento nutritivo ahora que han probado la bondad del Señor" (1 Pedro 2:2-3 NTV).

Si la Biblia tuviera una etiqueta de información nutricional como la encontramos en las cajas de cereal, fácilmente podría ser 2 Timoteo 3:16-17. En esos versículos, Pablo explica lo que Dios ofrece en Su Palabra: "Toda la Escritura es inspirada por Dios y útil para enseñar, para reprender, para corregir y para instruir en la justicia, a fin de que el siervo de Dios esté enteramente capacitado para toda buena obra".

Podemos confiar que la Palabra de Dios está llena de alimento que da vida. Y cuando la llevamos a la mente y al espíritu, Él nos ayudará a saber cómo vivir (enseñar), cuándo nos desviamos del camino (reprender), así como una alarma sobre el tablero del automóvil, cómo volver (corregir) al camino, manteniéndonos en él, y cómo ayudar a otros a encontrarlo (instruir y capacitar). La Palabra de Dios es una tienda de abastecimiento y un manual de campo para tu camino de crecimiento espiritual. Y así como el centro de control guió a Apolo 11, el Espíritu Santo te guiará para hacer las correcciones de rumbo necesarias para ayudarte a cumplir tu misión y lograr el plan de Dios para tu vida. (A propósito, ¿sabías que cuando Apolo 14 aterrizó sobre la luna en 1971, la tripulación llevó consigo una Biblia a la superficie de la luna? Esto cumplió el deseo del piloto principal de Apolo 1, Ed White).

Jesús declaró: "El cielo y la tierra pasarán, pero mis palabras jamás pasarán" (Mateo 24:35). Querido creyente: ya seas experimentado en tu caminar con Dios o recién salido del vientre, como un recién nacido espiritual, Dios quiere que "pruebes y veas que el Señor es bueno" (Salmo 34:8).

Pero, ¿cómo recibimos este alimento de la Biblia? Te recomiendo que tengas dos Biblias, una para leer en la traducción que te resulte más fácil de entender y otra para estudiar. En nuestra iglesia, recomendamos la *Biblia de Estudio NVI* porque las notas proveen respuestas acerca de lo que la Biblia quiere decir y cómo puedes aplicarla a tu vida. Pero también debes tener una Biblia que sea fácil de leer. Te recomiendo que descargues la versión gratuita de la aplicación YouVersion. Tiene muchas traducciones en diferentes idiomas y audios disponibles. Yo escucho la NVI, NTV y la RVR 1960. En nuestra aplicación de Christ Journey, la ofrecemos gratis, así que puedes descargarla junto con otros recursos útiles de nuestra iglesia.

"Primera luz. Primera decisión. Busca primero el reino de Dios".

Déjame contarte acerca de mi práctica personal. Tengo un lugar destinado en mi casa donde comienzo cada día leyendo la Biblia y orando. "Primera luz. Primera decisión. Busca primero el reino de Dios". Allí invito a Dios a que abra mis ojos a lo que tiene para mí en Su Palabra y leo una porción, escuchando con el corazón. Le pido que dirija mis pensamientos, sentimientos y acciones durante el día que tengo por delante, y busco Su bendición para mi familia, mi iglesia y otras peticiones que tenga en mi corazón. A veces, canto o escucho canciones de adoración, pero todos los días busco el rostro de Dios en Su Palabra. Si la Biblia es algo nuevo para ti, empieza con el Evangelio de Lucas, y sigue leyendo el resto del Nuevo Testamento. Después, vuelve atrás y lee Mateo y Marcos. El Antiguo Testamento vendrá después. ¡Para un recién nacido espiritual, lo central es comenzar a alimentarse de la verdad de Dios en la Biblia al leer el Nuevo Testamento todos los días! Al hacerlo, el Espíritu Santo te ayudará a ver tu tercera necesidad a medida que te preparas para las aventuras que Dios tiene para ti.

Un recién nacido necesita que lo cambien.

El cambio es saludable... el cambio es algo bueno

Un recién nacido necesita que lo cambien. Vi el siguiente versículo en la puerta de la guardería de una iglesia: "¡No todos dormiremos, pero todos seremos cambiados!" (1 Corintios 15:51). Los padres y quienes cuidan a los bebés saben que tienen que cambiarlos... ¡y muchas veces! El Pastor Ryan Reed (él y su esposa recientemente le dieron la bienvenida a su hogar a su cuarto niño) dijo: "Hablo con autoridad sobre este tema, y lo digo después de haber cambiado cientos de pañales: ¡Todos apestan!". Y siguió, diciendo: "Puedo decir también que después de cambiarlos ninguno de mis hijos se sintió avergonzado, porque el cambio les hizo sentirse limpios, y como nuevos". Nuestro Abba Padre también desea que sus hijos recién nacidos se sientan limpios y como nuevos cada día. "Todo el que pertenece a Cristo se ha convertido en una persona nueva. La vida antigua ha pasado; ¡una nueva vida ha comenzado!". "El Señor, quien es el Espíritu, nos hace más y más parecidos a él a medida que somos transformados a su gloriosa imagen" (2 Corintios 5:17 y 3:18 NTV).

Dios nos limpia y nos prepara para cumplir Su propósito y misión en nuestra vida. Y lo hace a través de algo que la Biblia llama *transformación*. Pablo nos desafía a "ser transformados mediante la renovación de [nuestra] mente". Y continúa explicando el resultado: "Así podrán comprobar cuál es la voluntad de Dios, buena, agradable y perfecta" (Romanos 12:2). El Espíritu de Dios obrará dentro de nosotros para cambiar nuestra manera de pensar, "renovando nuestra mente para poder conocer y cumplir la voluntad de Dios". Así es como las correcciones de rumbo nos ayudan a mantenernos en la misión de Dios en la vida.

Los bebés son incapaces de limpiarse a sí mismos, y los padres no pretenden que lo hagan. Los padres mantienen a los niños limpios porque los aman. De la misma manera que un recién nacido comienza una vida de crecimiento físico, un creyente recién nacido comienza un camino de crecimiento espiritual que dura toda la vida, empezando por ser limpiado, y la limpieza del perdón ocurre, así como el cambio de pañales, ¡con bastante frecuencia!

Como creyentes en todas las etapas de crecimiento, necesitamos que el Espíritu de Dios nos limpie constantemente de todo el pecado que se acumula en nuestra vida, y de los desastres que causamos como resultado. Los creyentes más o menos maduros entienden que no somos capaces de limpiar esos desastres por nosotros mismos, como tampoco un bebé puede cambiar su propio pañal. Debemos ser limpios de nuestros pecados y justificados por medio del sacrificio de Cristo y el poder del Espíritu de Dios que vive en nosotros. La salvación es un regalo que recibimos solo por la fe, y por ella Cristo justifica a cada creyente ante nuestro Padre Celestial. No podemos hacer nada para ganar el favor de Dios por nuestra cuenta.

Pero puede que los nuevos creyentes necesiten recordatorios frecuentes de que no deben sentirse avergonzados por hacer lío y necesitar ser limpiados. Si clamamos por el poder limpiador de Dios con la frecuencia y energía que un recién nacido llora para alertar a los padres de que necesita que lo cambien, Dios está listo para restaurarnos a una condición de pureza espiritual. Dios no quiere que suframos por la culpa, sobre todo porque Él es el único que puede limpiar el desastre. La Escritura promete: "Si confesamos nuestros pecados, Dios, que es fiel y justo, nos los perdonará y nos limpiará de toda maldad" (1 Juan 1:9). ¿Por qué Dios es fiel para perdonarnos? Porque Él ya pagó el precio. Se acabó. Se terminó. Se consumó. Créelo. Recíbelo por la fe. Y da gracias a *Abba* Padre por su promesa: "Y nunca más me acordaré de sus pecados y maldades" (Hebreos 10:17). Si Dios eligió perdonar y olvidar nuestros pecados, los recién nacidos espirituales pueden creer en el perdón total de

Dios. Tú no eres más inteligente que Dios, así que cree en lo que Él te ha dicho. Jesús es el Cordero de Dios que quita nuestro pecado. No te quedes con un pañal sucio. Deja que Dios te limpie y lo tire a la basura. Entonces tú, limpio y libre, podrás decir: "¡Gracias, Señor!".

Como nuevo seguidor de Cristo, no tienes que limpiar tu propia suciedad, pero al crecer en el Espíritu, debes renovar tu forma de pensar y ser transformado. Esto significa que te dejas enseñar y respondes al Espíritu de Dios cuando te muestra aquellas áreas en tu vida que quiere renovar. Pedro nos da pasos concretos a seguir para saber cómo pasar por esta transformación importante. Él escribe: "Por lo tanto, desháganse de toda mala conducta. Acaben con todo engaño, hipocresía, celos y toda clase de comentarios hirientes" (1 Pedro 2:1 NTV). Este comportamiento no tiene lugar en el reino de Dios... ni en la vida de un niño bien amado.

Como creyente nuevo y en proceso de crecimiento, pronto aprenderás a pasar menos tiempo en los desastres apestosos de tu vida. Comenzarás a abandonar los hábitos viejos y dañinos que te causaban problemas: la mentira, la hipocresía, la envidia, los comentarios hirientes y más cosas. Para aprender más acerca de este estilo de vida del reino, te recomiendo mi libro *Un reino inverso* como recurso para tu crecimiento personal.

Cambios en todas las etapas

¡Los recién nacidos deben dejarse cambiar! Pero así también los discípulos en cualquier etapa de su desarrollo. Los adultos espirituales, padres, abuelos y padrinos necesitan saber cómo mantenerse limpios y ayudar a otros a hacer lo mismo. Todo discípulo debe saber cómo dejarse enseñar, recibir el cuidado de Dios y sus correcciones de rumbo; luego alinearse y adaptarse para mantenerse en la misión con Dios. Si aprendes estas lecciones, acelerarás tu progreso en todas las etapas de tu desarrollo espiritual. ¡El cambio es algo bueno!

¡El cambio es algo bueno!

Los recién nacidos, pequeñitos y vulnerables, no quedan así por mucho tiempo. Crecen a diario en tamaño y fuerza, un promedio de 2.5 cm de altura y 70 a 90 g de peso por mes durante el primer trimestre. Ese crecimiento rápido siempre parece sorprender a los nuevos padres pero, si te quieres asombrar de verdad, considera el crecimiento de una jirafa recién nacida.

La mamá jirafa y su bebé no gozan de una sala esterilizada de hospital ni de la comodidad de una cama. No, al momento de nacer, la pequeña jirafa empieza su vida cayendo a tierra desde casi dos metros de altura, pero dentro de los 10 minutos, se pone de pie y comienza a andar. Y a las 10 horas, corre a toda velocidad junto a su madre.

De la misma manera, los nuevos cristianos necesitan el cuidado voluntario de los "padres en la fe" para ayudarlos a crecer hasta su adultez espiritual. Los recién nacidos necesitan que otros los alimenten, y eso no tiene nada de malo. Pero esa etapa de recién nacido no debe durar mucho. Puedes ser un recién nacido espiritual, pero en términos de crecimiento espiritual, te animo a que seas un "cristiano jirafa". Ahora que eres una nueva creación a los ojos de Dios, comienza a correr con Él. No esperes a que otros te den permiso. ¡Levántate! ¡Corre! ¡Crece!

Algunos de los cristianos más fervientes que he conocido solo llevaban días o semanas en la fe. Nuestra tendencia normal es pensar que para poder disfrutar de ciertos privilegios, como conducir, votar, enlistarnos en el ejército, y cosas así, debemos tener cierta edad. Pero el privilegio de crecer en la gracia y verdad de Dios no tiene límite de edad. El ritmo de crecimiento depende de cada individuo y de Dios. No debes quedarte estancado en la etapa de la infancia más de lo que quieres.

¿Es la perfección mi objetivo?

Antes de concluir este capítulo, hay otro tema que merece nuestra atención. Jesús concluye una sección del Sermón del Monte, diciendo: "Sean perfectos... como su Padre celestial es perfecto" (Mateo 5:48). Este versículo me molestó mucho a través de los años. ¿Es que Jesús quiere que no tenga pecado? ¿Acaso quiere que no tenga defecto o no me equivoque en todo lo que digo, hago y pienso? Como nuevo creyente, impuse mi entendimiento del perfeccionismo sobre las palabras de Jesús y terminé siendo muy crítico de mí mismo y de otros. Cuando Jesús dijo: "No juzguen a nadie, para que nadie los juzgue a ustedes" (Mateo 7:1), ¡mi perfeccionismo se fue por la nubes! Tuve que hacer una corrección de rumbo importante. El perfeccionismo es una receta para la neurosis, la moralina y la hipocresía.

Imagínate mi alivio cuando un pastor y mentor me ayudó a comprender el significado de la palabra en su contexto original. La palabra *perfecto* significa "totalmente maduro". Jesús nos estaba desafiando a comenzar teniendo en cuenta el resultado final...a apuntar alto para lograr la meta que Dios tiene para nosotros... a crecer hasta alcanzar todo nuestro potencial redentor. Un erudito del griego dice: "Está muy bien ilustrado con la figura del telescopio del pirata que se despliega sección por sección (extendiéndose hacia fuera) hasta alcanzar toda su fuerza (capacidad, efectividad)".[4]

Jesús nos enseña que los seres humanos deben madurar hasta alcanzar toda su capacidad en su efectividad para Dios... es lo que Pablo llamaría ser "maduros en el Señor, es decir, hasta que lleguemos a la plena y completa medida de Cristo" (Efesios 4:13). *Abba* Padre quiere que cada uno de sus recién nacidos crezca a través de todas las etapas de la vida. Y la buena noticia es que, así como un bebé saludable nace con todo lo que necesita para funcionar como un adulto responsable una vez desarrollado, capaz de reproducirse, tú has nacido espiritualmente con todo el potencial en bruto y todo lo que necesitas para madurar en Cristo.

Crecer juntos

Si sientes que estás más adelantado en tu recorrido y no eres un recién nacido, ¿me permites desafiarte para que ayudes a otros en su crecimiento? Bernabé ayudó a Saulo, que después se convirtió en Pablo. Pablo ayudó a Timoteo, Tito, Silas y muchos otros. Ken Dodson, Leila Wilson y

Jim Meek eran algunos de los primeros que me ayudaron a mí. Luego vendrían Loy Reed y el doctor Boo Heflin. ¿A quién podrás ayudar a sentirse amado, alimentado y cambiado para la gloria de Dios?

Si eres un recién nacido en la familia de Dios, esto es mucho para asimilar, pero pronto empezará a tener sentido. Estás comenzando nuevos hábitos que durarán toda la vida. Nunca dejamos atrás la necesidad de ser alimentados, lavados y amados, ¿verdad? Esas mismas necesidades nos acompañan toda la vida.

Así que, continúa alimentándote con todas las palabras de Dios, y encuentra tu nutrición diaria en la Escritura. Mantente limpio, manteniendo la mente, el cuerpo y el espíritu sanos. Ten la certeza, más allá de cualquier duda, de que eres amado incondicionalmente. Dios sabe que cometerás errores en el camino (igual que toda persona que ha vivido jamás, excepto una), y cuando eso suceda, recurre a Él en seguida, buscando el perdón y la renovación. Y no temas pedir ayuda a tu nueva familia de creyentes que quieren verte crecer.

Tu próxima etapa de crecimiento llegará antes de que te des cuenta.

ETAPA	LECCIÓN
Los padrinos	
Los abuelos	
Los padres	
El adulto	
El adolescente	
El preadolescente	
El niño	
El niño pequeño	
El bebé	
El recién nacido	Nace de nuevo y recibe la nueva vida maravillosa que Dios te da.

Al final de cada capítulo, encontrarás algunas preguntas que estimularán la reflexión y ojalá también la conversación con otros que están en el camino contigo. No te apures. Toma el tiempo para pensar, orar y conversar, y confía que Dios te ayudará a crecer.

LAS PÁGINAS DE LA AVENTURA

El plan de vuelo del piloto

1. ¿Qué recuerdas de tu etapa de crecimiento espiritual de recién nacido?¿Cómo llegaste a ser un creyente en primer lugar?

2. ¿Por qué la imagen de un recién nacido bebiendo leche es una metáfora apropiada para un nuevo creyente que lee la Escritura? ¿Cuál es la diferencia entre la Escritura como "leche" para algunos y la Escritura como "alimento sólido" para otros? (Véase 1 Corintios 3:1-3).

3. ¿Cuáles eran o son los hábitos en tu vida que te hacen (o hicieron) buscar la purificación de Dios?

   ¿Cómo tratas de mantenerte limpio después de que Dios te limpia?

4. ¿Qué conexiones has descubierto entre tu amor por Dios y tu amor por otros creyentes?

5. ¿A qué clase de "familia cristiana" perteneces? ¿Cómo te apoya esa familia en tu deseo de crecer espiritualmente?

Correcciones de rumbo

Si solo haces una cosa, haz lo siguiente: encuentra una Biblia fácil de leer y comienza a leer Lucas. Si es solo por cinco minutos al día, empieza ahí.

El diario del comandante de vuelo

Si estás ayudando a un nuevo creyente a crecer, te sugiero:

- Que pasen tiempo juntos y que por lo menos una parte del tiempo no tenga un programa específico. Lleva al nuevo creyente contigo cada vez que puedas: a la iglesia, a eventos deportivos, de compras o a cualquier lugar. Tu presencia afectuosa significa más de lo que te puedas imaginar.

- Lean la Biblia juntos, solo un pasaje breve, quizá de los Evangelios, y hablen acerca de lo que cada uno observa en el texto.

- Oren juntos. Haz que conectarse con Dios en oración sea tan natural y normal como las conversaciones que tienen entre ustedes .

SEGUNDA ETAPA

¡MÁS CARIÑO, POR FAVOR!

EL BEBÉ

"La mano que mece la cuna gobierna el mundo".

—Glen Campbell

David Ring es un evangelista nacional y orador motivacional que sufre de parálisis cerebral. Fuimos juntos a la universidad y, desde entonces, he trabajado y viajado con él, y lo he oído más veces de las que pueda recordar. De las muchas cosas memorables que le he oído decir, ésta es la que tiene más visos de realidad: "Todos necesitan el amor de una mamá". Los pequeñitos lo necesitan. Los pequeñitos espirituales también.

Pero el amor no solo consiste en sentimentalismo. ¡Es fuerte! Si el oso pardo hubiera vivido en Palestina, Jesús hubiera dicho algo así como: "¡Oh, Jerusalén, Jerusalén! ¡Cuántas veces quise reunir a tus hijos, como protege ferozmente la osa parda a sus cachorros, pero no quisiste!". Por supuesto, sé bien que Lucas cita a Jesús, diciendo: "¡Cuántas veces quise reunir a tus hijos, como reúne la gallina a sus pollitos debajo de sus alas!" (Lucas 13:34). Como ciudadano del siglo XXI, la imagen de una gallina me parecía algo tonta y débil, pero luego descubrí que las gallinas son tiernas con sus pollitos, pero los defienden con ferocidad cuando el peligro acecha. Ahora creo que Jesús estaba usando el lenguaje que entendían los de Su cultura como una fuerza muy protectora, y su intención nunca era demostrar debilidad. ¡No te metas con los pollitos de una gallina! Si piensas que exagero, míralo en YouTube. En un video, una gallina se enfrenta a una cobra acechante, cacareando y usando las alas y el pico para pelear. Defiende y le ofrece seguridad a cada uno de sus pollitos. ¡Nunca antes había visto una gallina atacar así! Parecía una loca en la batalla, exponiéndose al peligro para asegurarse de que cada uno de sus pollitos estuviera a salvo.[5]

Me parece que algo así tenía en mente Jesús, algo parecido a la promesa en el libro del profeta Isaías: "Como madre que consuela a su hijo, así yo los consolaré a ustedes; en Jerusalén serán consolados" (Isaías 66:13). Jesús ofreció el consuelo poderoso y personal de Dios al pueblo de Jerusalén: cubriéndolos, defendiéndolos, cacareando, agitando las alas, atacando a los depredadores y protegiéndolos como hijos espirituales, al punto de sacrificarse a sí mismo por ellos.

Hace unos años, después de un fuego devastador en Yellowstone National Park, un guarda forestal subió a la zona quemada para inspeccionar el daño, y notó que había un pájaro junto a un árbol. Tanto el árbol como el pájaro estaban achicharrados. Pero cuando movió el pájaro con un palo, de debajo de sus alas salieron tres pajarillos. Mientras el fuego se acercaba, ella pudo haber volado a un lugar seguro; pero dio su vida para proteger a los pequeñitos que amaba.[6]

La Biblia nos presenta a Dios en términos masculinos, y típicamente lo vemos como tal: "Dios Padre" y "Dios Hijo". Sin embargo, como hemos visto en Isaías y oído de Jesús, Dios nos ama con la ternura y fiereza de una madre. Esto llega a ser más significativo cuando se trata de la etapa del crecimiento espiritual llamada "el bebé". En su primera carta a la iglesia en la ciudad griega de Tesalónica, Pablo escribe: "Como una madre que amamanta y cuida a sus hijos, así nosotros, por el cariño que les tenemos, nos deleitamos en compartir con ustedes no solo el evangelio de Dios, sino también nuestra vida" (1 Tesalonicenses 2:7-8). La palabra traducida aquí como "madre" era usada para comunicar el nivel más profundo de amor tierno. Piensa en una madre amamantando a su hijo en brazos. Ése es el cuadro que Pablo pinta para ilustrar cómo los padres espirituales ayudan a los recién nacidos de Dios a convertirse en bebés y niños pequeños... y, finalmente, en adultos. Dice que los ama de manera personal, tierna y abnegada... ¡como una madre que amamanta a un hijo!

Esto me trae a la mente otra maravillosa promesa de Dios en Isaías: "¿Puede una madre olvidar a su niño de pecho, y dejar de amar al hijo que ha dado a luz? Aun cuando ella lo olvidara, ¡yo no te olvidaré! Grabada te llevo en las palmas de mis manos" (Isaías 49:15-16). Pablo era un experto en las Escrituras hebreas y, como tal, es posible que fuera eso lo que tenía en mente cuando declaró su tierno afecto y dedicación a los nuevos creyentes de Grecia.

"Todos necesitan el amor de una mamá".

Aquí estamos hablando del cuidado tierno y amoroso. Es lo que tenemos en mente al decir: "Todos necesitan el amor de una mamá". Es la clase de amor que está dispuesto a dejar de lado las convenciones y la reputación y demostrar el sacrificio costoso como evidencia de su profundidad. En la historia del hijo pródigo, Jesús muestra tal imagen del padre. Cuando el hijo menor volvió a casa, hambriento y humillado, Jesús describe la escena: "Todavía estaba lejos cuando su padre lo vio y se compadeció de él; salió corriendo a su encuentro, lo abrazó y lo besó" (Lucas 15:20). En aquella cultura, que un hombre corriera en público era considerado una falta de respeto, algo impropio y hasta cómico. Para hacerlo, tenía que "ceñirse el lomo", o sea, subirse la túnica entre las piernas, amarrársela a la cintura (imagínate un pañal gigantesco), y luego correr con las piernas al descubierto.

En el Cercano Oriente, era humillante y vergonzoso que un hombre mostrara las piernas descubiertas. Pero aquí, Jesús nos dice que el padre estaba tan ansioso por recibir a su hijo que tiró las convenciones por la ventana, convirtiéndose en objeto de escándalo. Y cuando el padre se encuentra con su hijo, lo abraza y lo besa. Aquí tenemos a un padre actuando como una madre. Imagínate a Dios amándote así, y estarás totalmente sincronizado con las correcciones que Jesús quiere hacer en tu manera de pensar. Dios no es el ogro en el cielo, el Darth Vader que temes que te ahorque hasta hacerte desmayar. Dios verdaderamente se interesa por ti con un cuidado tierno y amoroso tan grande como Él mismo... ¡y todo bebé espiritual necesita dejar que lo haga! Créelo. Recíbelo. Y compártelo con otros.

¿Cuánto vale una madre?

A través de los años, la maternidad ha recibido unos cuantos golpes pero, sin las madres, ninguno de nosotros estaría aquí. Y si eso no fuera suficiente para declarar el valor de una madre, un artículo en la revista Forbes hizo referencia a una encuesta interesante hecha por Salary.com. Por 10 años, el sitio web calculó cuál sería el sueldo anual —si pudieran cobrar por su trabajo— que merecen las madres que se quedan en casa. Luego de preguntar a casi 7.000 madres, sus obligaciones fueron divididas en diez categorías: directora ejecutiva, psicóloga, cocinera, maestra de jardín de infantes, ama de casa, operadora de máquinas de lavar, operadora de computadoras, gerente de instalaciones, conserje y chofer. (¡Y tú te quejas de tu trabajo!). La encuesta de 2018 reveló que el salario anual de una madre debe ser... ¿estás listo?... 162.581 dólares (estadounidenses).

Cuando fui a verificar las estadísticas para escribir este libro, habían actualizado la cifra para el 2019. Detallaba no menos de 30 obligaciones en las tareas híbridas de "mamá", y habían añadido tareas tales como administradora de redes, comunicaciones sociales y terapeuta recreacional. Las obligaciones adicionales y la economía actual merecía un aumento de un 9.6 por ciento, es decir, un salario promedio anual aproximado de 178.201 dólares (estadounidenses) para las madres que se quedan en casa.[7] Y eso era antes de COVID, dicho sea de paso. Durante la pandemia, las horas de trabajo de estas madres han aumentado porque, además de sus propios trabajos, también tienen que ser maestras y tratar de evitar que los niños molesten al esposo que ahora trabaja desde la casa.

Mi punto es no solo destacar el valor del trabajo de una madre, que a menudo es ignorado, sino la verdad de que los bebés espirituales necesitan la calidad de amor de una madre, un cuidado amoroso tierno y feroz a fin de que los niños crezcan fuertes y saludables.

Un impacto a largo plazo

Muchas investigaciones han mostrado la importancia de la crianza durante los primeros años de desarrollo de un niño. Por instinto, sabemos que es verdad porque hemos visto el contraste dramático: el daño causado cuando los hijos no se sienten seguros y amados, y la estabilidad, la confianza y la creatividad de los que sí se sienten seguros y amados. En otras palabras, la manera en que empezamos importa a la larga... ¡e importa mucho!.

En un artículo publicado en *Psychology Today,* la doctora Darcia Narvaez observa que "en la medida en que son satisfechas las necesidades de los bebés, la arquitectura neuronal del cerebro y el sistema neurobiológico son fortalecidos y se desarrollan con rapidez, permitiendo un funcionamiento adecuado. En su nivel más básico, los bebés se auto realizan cuando sus necesidades son satisfechas, recibiendo el apoyo para seguir el sistema interno de dirección que Maslow consideró tan importante para que ocurra la autoactualización". Ella explica el impacto que se evidencia más adelante en la vida: "Los adultos que reciben cuidado sensible y afectuoso en sus primeros años demuestran una resiliencia mayor frente a situaciones estresantes, mejor funcionamiento inmune, menos ansiedad y, sobre todo, menos problemas de salud física".[8]

Podemos hacer una observación similar acerca de cómo las personas comienzan su vida espiritual. Dios nunca pretendió que los nuevos creyentes fueran abandonados para descubrir las cosas por sí mismos. Podemos sentirnos aislados en medio de una multitud, y necesitamos más que un servicio multitudinario de adoración para alimentar a los nuevos en la fe.

Si estás en esta etapa, asegúrate de encontrar personas que se involucren en tu crecimiento y te animen a absorber la verdad de Dios. Y si conoces a alguien en esta etapa, ¡no des nada por hecho! Ayúdalos a sentirse amados, valorados, queridos y conectados. Los primeros meses de vida espiritual me recuerdan el viejo refrán: "Árbol que crece torcido, jamás su tronco endereza".

Aprender a gatear

Somos recién nacidos por solo dos o tres meses, un período durante el cual somos impotentes y otros deben hacer todo por nosotros. Después, por el resto del primer año, se nos identifica como *bebés*. Todavía dependemos tremendamente de otros, pero nuestros sentidos comienzan a recibir todo tipo de información —vistas, sonidos, olores, sabores, sentimientos— y tratamos de clasificar los más esenciales. La vista empieza a enfocarse y, al hacerlo, por instinto buscamos los objetos que captan nuestra atención. Nos volvemos ambulantes, primero gateamos y, con el tiempo, celebramos la habilidad de ponernos de pie. Nos damos cuenta de que la gente se comunica a través de los sonidos, y tratamos de separar los ruidos aleatorios de los mensajes que nuestros padres y hermanos comunican, y de alguna manera debemos descifrarlos.

Los padres amorosos tratan de fomentar el crecimiento en todas estas áreas. Se conectan de forma audible por medio de un hablar calmado y reconfortante, mediante elogios, lecturas y canciones. Se relacionan visualmente con sonrisas y juguetes coloridos. Usan el tacto para acariciar a sus bebés.

Los padres también comprenden la necesidad de extrema precaución en esta edad. Cuando un bebé es recién nacido, no va a ninguna parte, ni hace nada que esté fuera del alcance de los padres. Sin embargo, ahora no es raro que un bebé curioso gatee al borde de las escaleras para ver mejor y se exponga al peligro, o trate de alcanzar un objeto interesante para llevárselo a la boca, o se tope directamente con la punta de una mesa al tratar de caminar. Los padres responsables se esfuerzan mucho para poner la casa a prueba de bebés. Lo que se rompe lo trasladamos a estantes más altos. Acolchonamos las puntas de las mesas que están a su altura. Ponemos cubiertas de seguridad en todos los enchufes eléctricos de la casa. Y, aun así, un pequeñito con energía puede encontrar peligros que el padre o la madre nunca anticipó. En esta etapa de infante, el mundo es un lugar enorme e increíble, pero también puede ser peligroso.

La infancia espiritual

En este libro, estamos examinando el desarrollo continuo que experimentan los creyentes en su camino a la madurez. Recuerda, tanto a nivel físico como espiritual, el progreso es producto de un proceso.

El Nuevo Testamento dice que todo creyente comienza el camino hacia la madurez como un recién nacido espiritual. En ese momento, el crecimiento empieza de inmediato mediante la alimentación de la leche de la Palabra de Dios. Pablo usa la imagen de una madre que amamanta (1 Tesalonicenses 2:7-8).

Los niños pequeños necesitan ayuda para mantenerse alimentados y limpios, y necesitan recibir el amor y apoyo familiar necesarios. Esto se aplica a las etapas de recién nacido, bebé y niño pequeño ("¡Dame de comer!"). Hablando espiritualmente, nos alimentamos por medio de la Palabra de Dios: la Biblia. Al acceder a la Palabra, ella se asimila en nosotros y alimenta nuestras almas. Nos mantenemos limpios por medio de la oración y la confesión. El Espíritu Santo nos señala aquello que tenemos que cambiar y nos da la seguridad del perdón de Dios. Y a medida que compartimos la vida con nuestra nueva familia, encontramos abundante amor en la comunidad de creyentes.

La crianza de los hijos a nivel espiritual

Así como nos guían las madres en nuestro desarrollo biológico, emocional y social, también las madres *espirituales* (y los padres, líderes, maestros, mentores y abuelos que nos aman como madres) nos ayudan a desarrollarnos espiritualmente.

¿Te viene a la mente alguien que te dio mucho amor y cariño de calidad divina al principio de tu vida cristiana? Puede ser hombre o mujer pero, como dice Pablo, que amó como una madre, todos necesitamos un poco de amor y cuidado para crecer. En mi vida, Dios usó a Leila Wilson. Leila era una anciana de ochenta y tantos años que vivía sola, pero fue el instrumento que Dios usó al principio de mi desarrollo espiritual. Era una misionera jubilada de las Filipinas y la conocí cuando estaba visitando a ancianos con un pastor. Antes de salir del tráiler que ella consideraba su hogar, Dios me conmovió el corazón cuando la oí orar: "Dios, no me pongas en un estante. Úsame según te plazca". El Señor me guió a preguntarle si quería darnos clases a mí y a un grupo de amigos en un estudio bíblico de verano. Ella respondió que sí. Y durante las siguientes semanas de verano, un grupo de adolescentes recién convertidos de cabello largo estudió 1 Corintios bajo la guía de una ex-misionera que se parecía a Corrie Ten Boom. Siempre estaré agradecido a Dios por el amor y cuidado firme de Leila. ¡Cuidado amoroso, tierno y *firme*!

Jim Meek, un seguidor de Cristo y estudiante del último año en la universidad estatal de Arizona fue otro mentor. Noté una luz especial en sus ojos. ¡El amor de Dios lo consumía! Yo quería lo que él tenía. Por eso, andaba a menudo con él y aprendía cómo seguía a Jesús, qué Biblia usaba, cómo hacía sus devocionales diarios y cómo "andaba en el Espíritu".

Otro fue Ken Dodson. Ken era un pastor que parecía un profeta, ¡y predicaba como quien tenía algo para decir que yo necesitaba oír! Lo conocí cuando su hija me vio tratando de entrar por una ventana en el santuario de la Primera Iglesia Bautista de Winslow en Arizona. Casi estaba dentro cuando oí una voz decir: "¿Te puedo ayudar en algo, joven?". Salí y le expliqué que, mientras caminaba, recordé la frase de Jesús: "Mi casa es casa de oración". Sin embargo, cuando vi que las puertas estaban cerradas, encontré una ventana abierta y quise entrar para orar.

Ken me preguntó si quería orar con él, y así comenzó mi relación con un verdadero mentor en el Espíritu. A través de los años, hubo otros mentores que me ayudaron a crecer en cada etapa de mi desarrollo, pero nunca he olvidado las lecciones que aprendí durante aquellos primeros años de mi camino espiritual, acerca de la fiereza y dedicación de un amor y cuidado piadoso. El impacto que tuvieron en mí esas personas me ha dado la resistencia necesaria en mi vida y ministerio a través de los años.

Pedro desafió a la joven iglesia: "Ahora que se han purificado obedeciendo a la verdad y tienen un amor sincero por sus hermanos, ámense de todo corazón los unos a los otros" (1 Pedro 1:22). Se refiere al amor en toda su intensidad, como el de una madre por su hijo. Las palabras que usa significan literalmente "estirar al máximo", "cubrir", "amar sin condiciones". Demuestra amor como una gallina o una osa parda, y como la madre ave en el fuego de Yellowstone.

Jesús demuestra el amor de una madre, e Isaías, Pablo y Pedro escriben acerca de ese amor. El amor que describen es el tipo que brinda amor y cuidado cuando más lo necesitamos, mientras empezamos a cultivar una relación con nuestro Padre amoroso. Y Dios quiere que sus hijos espirituales experimenten ese amor al máximo.

El crecimiento a través de la infancia espiritual

Cuando una pareja tiene un hijo —en especial si es el primero—, a menudo se preguntan si su crecimiento es "normal". Consultan libros y gráficos y médicos para ver qué tiene que suceder y cuándo, y tienden a entrar en pánico si sus bebés no alcanzan una de esas metas. "Mi hijo tiene casi un año y todavía no camina. ¿Qué le sucede, doctor?". "La hija de nuestro vecino ya come cereal sola, pero la nuestra no sabe qué punta de la cuchara agarrar". Padres preocupados encuentran muchas cosas por las cuales obsesionarse, pero esas metas son solo normas generales basadas en promedios. No existen dos niños iguales, y cuando se trata de gatear, dar vueltas, reír, agarrar objetos, decir "mamá", o cualquier otra cosa, dos niños pueden hacerlo a un ritmo totalmente diferente.

Lo mismo sucede cuando consideramos el crecimiento espiritual de los nuevos creyentes en la etapa de bebé. El crecimiento temprano es tan dinámico y natural que puede ser difícil de medir. Cuando comienzas a aprender cómo oír la voz de Dios y aplicarla, la Biblia nos dice que estamos dando los primeros pasos de fe. Cuando pronunciamos nuestras primeras palabras en oración, hablando con Dios, sabemos que vamos por el camino correcto de aprender a orar. Pero es menos claro determinar cuándo pasamos de recién nacidos a bebés, y luego de bebés a niños pequeños.

Durante esas etapas iniciales, no te preocupes mucho por saber dónde estás en el gráfico. Solo continúa creciendo. Pronto verás suficiente progreso para saber si has pasado de una etapa a otra. Además, más allá del progreso del niño, la madre seguirá respondiendo a su llanto.

En un estudio, investigadores grabaron cuatro minutos de llanto de 20 bebés mientras sus padres estaban fuera de la sala. Luego, sacaron seis segmentos de 15 segundos para cada cinta de grabación y más tarde hicieron que los padres escucharan una serie de 24 segmentos: una variedad al azar que incluía seis segmentos de su propio hijo y 18 de los demás. Los padres promediaron un 5.5 de 6 en identificar a su propio hijo, aunque hubo unos pocos falsos positivos sobre la marcha. Los padres acertaron un 45 por ciento de las veces, pero las madres acertaron 80 por ciento del tiempo.[9] (Mmm, ¿quién se hubiera imaginado?).

Otros estudios muestran que una madre no solo reconoce el llanto de su hijo, sino que sabe interpretarlo. Tanto los bebés como los niños pequeños suelen llorar a menudo y con facilidad, y para el oyente despreocupado, todos los llantos suenan igual. Pero una madre amorosa tiene más conocimiento. Ella sabe distinguir cuándo el llanto significa: "Me siento solo, ven por mí". A veces, significa: "Estoy sucio; ven y cámbiame". Otras veces, significa: "Estoy lastimado; ven a ayudarme". Otras veces, dice: "Estoy enojado; ¿no te das cuenta?". Para una madre, todo llanto es precioso; es una petición de atención y cuidado.

A nivel espiritual, todo llanto es precioso para Dios, y podemos clamar a Dios por diferentes motivos. Como cristiano recién nacido, tu emoción primaria es típicamente la alegría pura y te deleitas en una relación nueva y emocionante con el Señor del universo. Tus ojos han sido abiertos para ver el plan de Dios para tu vida y Su atención para suplir tus necesidades, y tu actitud ante la vida de inmediato se torna más esperanzada. Pero en la etapa de la infancia, puede que te conmuevas con dolor santo mientras sigues alimentándote con la Palabra de Dios.

Y al continuar leyendo la Escritura como bebé, empiezas a darte cuenta del precio que Jesús pagó por tu nueva relación con Dios. Ves que Él experimentó gran sufrimiento, humillación, y una muerte cruel y dolorosa para lograr tu salvación. La comprensión de esta cruda verdad, en especial para alguien con un corazón nuevo y tierno, puede conmover a la gente hasta las lágrimas. Luego, derramarás lágrimas también por otras cosas cuando clames a Dios. Las lágrimas son la respuesta apropiada a muchas de las emociones y situaciones que experimentamos en nuestro camino hacia la madurez espiritual. Permíteme darte uno de mis ejemplos bíblicos favoritos.

Un frasco lleno de lágrimas

Muchos de los salmos eran el equivalente de nuestras canciones de adoración, o sea, expresiones generales de alabanza o preocupaciones que expresamos a Dios con la música. Pero otros se escribieron como respuesta a una situación o circunstancia específica que el salmista estaba atravesando. Por ejemplo, el Salmo 51 fue una oración de confesión de David, después de que se descubriera su adulterio con Betsabé y el asesinato de su esposo.

El Salmo 56 aborda otra crisis específica. David se había escondido en territorio filisteo mientras huía del rey Saúl, quien lo quería matar. Pero tampoco estaba a salvo ahí. Es más, él se encontraba en Gat, la ciudad de Goliat, a quien había vencido y matado recientemente en el campo de batalla. Fíjate en su estado emocional, y su honestidad con Dios:

> Oh Dios, ten misericordia de mí, porque la gente me acosa.
> Mis enemigos me atacan todo el día.
> Los que me calumnian no dejan de acosarme, y muchos me
> atacan descaradamente.
> Pero cuando tenga miedo, en ti pondré mi confianza.
> Alabo a Dios por lo que ha prometido.
> En Dios confío, ¿por qué habría de tener miedo?
> ¿Qué pueden hacerme unos simples mortales?

Siempre tergiversan lo que digo;
se pasan el día tramando cómo hacerme daño.
Se juntan para espiarme; vigilan cada paso que doy,
 ansiosos de matarme.
No permitas que estos malvados se salgan con la suya;
 en tu enojo, oh Dios, derríbalos. (Salmo 56:1-7 NTV)

¿Puedes relacionarte con el dilema de David? Ahí está, escondido en territorio hostil, ¡pero no puede volver a casa porque ahí la situación está peor! Pero para su crédito, David clama a Dios pidiendo ayuda y dirección y, al hacerlo, se da cuenta de una verdad transformadora:

Tú llevas la cuenta de todas mis angustias
y has juntado todas mis lágrimas en tu frasco;
has registrado cada una de ellas en tu libro. (Salmo 56:8 NTV)

Éste era un joven dinámico a quien Dios ya había ungido para ser el rey de Israel. Había ido osadamente a la batalla y matado al gigante Goliat, y ahora estaba formando su propio ejército fiel de "valientes". Pero los eventos traumáticos en esta etapa de la vida de David eran tan numerosos y severos que le saltaban las lágrimas. ¿Qué hizo David? Presentó sus lágrimas ante Dios. Dios es tan tierno y tan atento que David se siente cómodo trayéndole sus lágrimas. Él creía que Dios era plenamente consciente de cada lágrima que él había derramado jamás; como si las hubiera guardado en un frasco. Algunos coleccionan tazas, sellos o postales de béisbol. David dice que Dios colecciona nuestras lágrimas.

Algunos coleccionan tazas, sellos o postales de béisbol. David dice que Dios colecciona nuestras lágrimas.

Otro detalle en este salmo es igual de alentador. David cree que Dios también tiene un libro que registra su crecimiento. Hoy en día, muchos padres tienen libros similares para sus hijos. Mamá y papá anotan eventos y fechas importantes para la posteridad: el certificado de nacimiento, las primeras palabras, los primeros pasos, fotos del primer cumpleaños, el mechón de cabello del primer corte, muestras de la abundancia de arte que te ha convencido de que tu hijo es el próximo Picasso, y otros recordatorios. Puede que el libro no sea especial para nadie excepto para los padres, abuelos y quizás otros parientes del niño. Pero, algún día, los adultos que una vez fueron niños encontrarán sus libros y sabrán que sus padres los han amado toda su vida, desde que nacieron. Nunca olvidaré cuán especial me sentí cuando mi madre me entregó el libro que ella había recopilado a través de los años acerca de mí. ¡Imagínate! ¡Dios está al tanto de tu crecimiento y lleva el registro en un libro acerca de ti!

Una manera útil de monitorear tu crecimiento espiritual es teniendo tu propio libro: un diario personal. Cada día, toma unos minutos para escribir lo que has aprendido acerca de Dios o de ti mismo en relación con Dios. Describe lo que sientes. Escribe los versículos o pasajes que son significativos para ti. Incluye cualquier pregunta que tengas acerca de las cosas espirituales. Luego, al pasar los meses y años, podrás mirar atrás a anotaciones anteriores y ver tu propio progreso. (¡Es probable que te sorprendas con el ritmo de crecimiento!).

Todavía estás comenzando

Espero que no te ofendas si estás en esta etapa temprana de crecimiento. Ser comparado con un niño que llora puede hacerte sentir impotente. No pretendo avergonzarte al compararte con niños que lloran, pero nadie tiene un atajo hacia la madurez. Todos comenzamos al principio. Todos empezamos como recién nacidos y atravesamos la etapa de bebés, pero seguimos adelante y hacia arriba. A lo largo del proceso de crecimiento espiritual, la clave está en aceptar tu etapa actual y luego crecer a partir de eso.

Ahora, si todo este hablar de bebés llorando te hace sentir un poco infantil, quizá puedas pensar en términos de "gemidos" en vez de "llantos". Más allá de la etapa de madurez espiritual, todos experimentamos momentos cuando nos resulta difícil conectarnos con Dios. Quizá no podemos encontrar las palabras para expresar nuestros más íntimos anhelos, o simplemente no tenemos suficiente fe para pedir lo que necesitamos. Tienes que saber que eso no impide a nuestro amoroso Señor saber exactamente lo que pedimos y, en respuesta a nuestros gemidos, nos proveerá todo lo que necesitamos. Mira cómo Pablo explica esta sensibilidad divina:

> Pues sabemos que, hasta el día de hoy, toda la creación gime de angustia como si tuviera dolores de parto; y los creyentes también gemimos —aunque tenemos al Espíritu Santo en nosotros como una muestra anticipada de la gloria futura— porque anhelamos que nuestro cuerpo sea liberado del pecado y el sufrimiento. Nosotros también deseamos con una esperanza ferviente que llegue el día en que Dios nos dé todos nuestros derechos como sus hijos adoptivos, incluido el nuevo cuerpo que nos prometió. Recibimos esa esperanza cuando fuimos salvos... Además, el Espíritu Santo nos ayuda en nuestra debilidad. Por ejemplo, nosotros no sabemos qué quiere Dios que le pidamos en oración, pero el Espíritu Santo ora por nosotros con gemidos que no pueden expresarse con palabras. Y el Padre, quien conoce cada corazón, sabe lo que el Espíritu dice, porque el Espíritu intercede por nosotros, los creyentes, en armonía con la voluntad de Dios. (Romanos 8:22-24, 26-27 NTV)

Gemir ante Dios no es algo infantil, es algo humano.

Gemir ante Dios no algo infantil, es algo humano. Es lo que nos hace seguir creciendo en nuestra relación con Dios. Este pasaje afirma que Dios no tiene que oír nuestros deseos expresados en palabras para saber lo que necesitamos de Él. Cuando nos encontramos sin poder expresarnos adecuadamente, ya seamos un bebé nuevo en la familia de Dios o un abuelo que ha madurado por años, el Espíritu dentro de nosotros lleva nuestro gemir al Padre. Tal vez a veces no nos demos cuenta de la presencia de Dios, pero Él siempre se da cuenta de la nuestra.

Los expertos en psicología infantil dicen que los padres deben satisfacer las necesidades físicas básicas de un niño. Necesitamos comunicarles que están bien. Necesitamos hacerlos sentir seguros y ayudarlos a descubrir y desarrollar sus sentidos. Cuando nuestros niños vienen a nosotros llorando, están buscando un lugar seguro para encontrar un amor y cuidado tan grande como el de Dios que los ayude a perseverar a través de la crisis que están atravesando.

El progreso es producto de un proceso

Vimos en el capítulo anterior que los recién nacidos necesitan ser amados, alimentados y cambiados. Y ahora hemos visto que los bebés llevan esas necesidades a un nuevo nivel, tanto a nivel físico como espiritual. Los infantes necesitan alimento sólido, no solo leche. Según mejora la destreza física, los niños van del biberón a la taza para bebés, y de la tetina a la cuchara. Con respecto a la higiene, se pasa de los pañales desechables a los pantaloncitos de entrenamiento para ayudar a los niños en crecimiento a compartir la responsabilidad de mantenerse limpios. Ya no necesitan que se los cargue a todas partes, ahora se mueven al rodar y gatear y, con el tiempo, se levantan y caminan solos.

Pero con el crecimiento surgen otras necesidades: la necesidad de consuelo cuando están en problemas, de valor cuando tienen miedo, de consistencia para sentirse seguros, y de cultivar el dominio propio. Estos cambios importantes comienzan en la etapa espiritual de bebé, y siguen a un nuevo ritmo a medida que los hijos espirituales de Dios se convierten en niños pequeños. Y ahora se está por abrir todo un mundo nuevo de aventura.

En cada etapa, debemos mantenernos en comunicación con el centro de control. Al crecer, seremos más perceptivos (y más rápidos) para hacer los ajustes a medio camino, y la forma de la aventura que Dios nos dio será cada vez más clara.

ETAPA	LECCIÓN
Los padrinos	
Los abuelos	
Los padres	
El adulto	
El adolescente	
El preadolescente	
El niño	
El niño pequeño	
El bebé	Recibe el cuidado y la atención de tu amoroso Padre celestial y de otros “padres” espirituales que quieren ayudarte a crecer.
El recién nacido	Nace de nuevo y recibe la nueva vida maravillosa que Dios te da.

LAS PÁGINAS DE LA AVENTURA

El plan de vuelo del piloto

1. Recuerda dos o tres personas que te cuidaron como “madres” espirituales y te dieron amor y cuidado durante los diferentes períodos de tu camino espiritual hasta ahora. Específicamente, ¿cómo te ayudó cada uno a progresar?

2. ¿Has encontrado en la Escritura algo que te ha conmovido hasta las lágrimas o te ha causado confusión o dolor? ¿Qué fue? ¿Has conversado con alguien acerca de eso? ¿Por qué sí o por qué no?

3. Considera la imagen que David presenta de Dios coleccionando todas tus lágrimas en un frasco y escribiéndolas en un libro. ¿Qué te dice eso acerca de Dios? ¿Cómo te hace sentir?

4. ¿Tienes el hábito de llevar un diario espiritual? Si lo haces, ¿qué beneficios has visto hasta ahora? Si no lo haces, ¿cómo crees que te ayudaría en el desarrollo de tu recorrido espiritual?

Correcciones de rumbo

Si solo haces una cosa, haz la siguiente: busca a alguien que cumpla la función de maestro o mentor en tu vida. Tal vez sea una de las conexiones más importantes que jamás hayas hecho.

El diario del comandante de vuelo

Si en esta etapa eres mentor de alguien, te sugiero que:

- Uses por lo menos cinco afirmaciones positivas por cada corrección (trata de que sean diez por cada una).
- Comparte los problemas que te hacen llorar o gemir. Esto normalizará las luchas internas que todos experimentamos, y puedes explicar cómo Dios te ha ayudado a atravesarlas... con el tiempo.

- Muchas personas vienen de experiencias familiares difíciles y les ha costado mucho creer que Dios las ama de verdad. Considera preguntarles: "¿Cómo te expresaron tus padres su amor?". Y escucha. Escucha atentamente.

TERCERA ETAPA

APRENDER A CAMINAR Y HABLAR

EL NIÑO PEQUEÑO

"Algún día serás lo suficientemente grande para empezar a leer de nuevo cuentos de hadas".

—C. S. Lewis

¿Alguna vez has oído a alguien decir: "Hay que predicar con el ejemplo"? A la etapa en nuestro desarrollo físico en la que aprendemos a hablar y caminar se la llama "niño pequeño", y es muy similar a la tercera etapa de nuestro desarrollo espiritual. Aquí estamos más alertas, somos más conscientes de las verdades espirituales y comenzamos a expresarlas y a practicarlas. No te avergüences si te sientes como un niño pequeño espiritual. En este nivel, aprendemos muchas lecciones importantes para la vida. Aprende las lecciones de la etapa en que te encuentras y ¡crece a *través* de ellas a medida que llegas a conocer la voluntad de tu Padre celestial! Recuerda, el progreso es producto de un proceso.

Aprender a caminar con Dios

A nivel físico, la etapa de niño pequeño comprende el período de uno a tres años. Es cuando los niños empiezan a aprender a caminar, cayéndose, levantándose, cayéndose de nuevo y levantándose otra vez. Se fortalecen los músculos y se desarrolla el equilibrio. Es común ver a un niño pequeño caminar de la mano de su padre o madre, no necesariamente porque necesita el apoyo físico, sino porque simplemente disfruta de la confianza que le ofrece el padre o la madre, al igual que la sensación especial de intimidad. Los niños pequeños espirituales también se caen y se levantan cuando comienzan a dar sus primeros pasos en la fe. Según aprenden a confiar en la Palabra de Dios y a encontrar Su equilibrio al aplicar los mandatos de Jesús, su confianza aumenta y sus pasos son más seguros y firmes.

Aprender a caminar con Dios puede dar “refrigerio” a tu diario vivir.

En el relato de la creación, Dios andaba en el Huerto de Edén “a la hora que sopla el viento de la tarde”, comunicándose con regularidad con Adán y Eva (Génesis 3:8 NTV). De la misma manera, aprender a caminar con Dios puede dar “refrigerio” a tu diario vivir. Dios es como un padre que quiere caminar junto con su amado hijo. Desafortunadamente, el pecado de Adán y Eva terminó con esa relación íntima y personal, y desde entonces hemos experimentado la dificultad de volvernos a conectar con Dios. Con todo, ese sigue siendo el objetivo del crecimiento espiritual y de la madurez: una mayor intimidad con Dios a medida que crecemos hasta ser “llenos de la plenitud de Dios” (Efesios 3:19) y aprendemos a “vivir por el Espíritu” (Gálatas 5:16), cumpliendo así la misión de Dios para nuestras vidas.

Es un dato sorprendente de la historia saber que el astronauta Buzz Aldrin, durante su misión en Apolo 11 hace 50 años, ¡tomó la Santa Cena en la luna! La NASA lo mantuvo en secreto por temor a recibir publicidad negativa, pero Aldrin, el segundo ser humano que caminó sobre la luna, era un devoto creyente en Cristo y líder en su iglesia. Lo primero que hizo cuando el Eagle aterrizó fue dar gracias a Dios. Con el permiso especial de la NASA, llevó consigo al espacio pan y vino para celebrar la Santa Cena con Dios en un momento de adoración especial sobre la superficie lunar. Cuando llegó el momento, citó las palabras de Jesús, diciendo: "Yo soy la vid y ustedes son las ramas. El que permanece en mí, como yo en él, dará mucho fruto; separados de mí no pueden ustedes hacer nada" (Juan 15:5). Buzz confiaba que lo que hacía en el programa de NASA era parte del "plan eterno de Dios para el hombre". ¡Qué ejemplo de alguien que anda con Dios!

Génesis nos cuenta también de otro hombre llamado Enoc. Cuando empezó a caminar con Dios, era un niño pequeño de 65 años. Después, 300 años más tarde, "Enoc anduvo fielmente con Dios... y un día desapareció porque Dios se lo llevó" (Génesis 5:21-24). Dice una vieja historia que Dios disfrutaba tanto Sus caminatas diarias con Enoc que cada día hacían caminatas más largas, más y más lejos de donde vivía Enoc. Un día, Dios le dijo: "Hoy estamos más cerca de mi casa que de la tuya. ¿Por qué no te vienes conmigo?". El Nuevo Testamento nos dice: "Por la fe Enoc fue sacado de este mundo sin experimentar la muerte; no fue hallado porque Dios se lo llevó, pero antes de ser llevado recibió testimonio de haber agradado a Dios" (Hebreos 11:5).

A Dios le agrada cuando aprendemos a caminar con Él. Los padres felices y orgullosos ovacionan y aplauden y suben videos de los primeros pasos de sus pequeñitos para que otros celebren con ellos. De la misma manera, a Dios le agrada cuando das tus primeros pasos de fe con Él. Se ha dicho que "todo viaje comienza con un primer paso".

Uno de los libros más populares que escribió el doctor Seuss se llama *¡Oh, cuán lejos llegarás!*, e inspira a la gente a avanzar en la vida. Cuando Viola y Stephen Armstrong vieron a su primogénito Neil dar sus primeros pasos, no tenían idea de que algún día caminaría sobre la superficie de la luna y haría una de las declaraciones más dramáticas de la historia: "Ése es un pequeño paso para un hombre, pero un gran paso para la humanidad". Dios quiere que vayamos a lugares con Él, y aprender a caminar es la manera de avanzar hacia la aventura.

Ir a lugares con Dios

Hay solo dos lugares en la Biblia donde leemos que alguien fue llevado por Dios sin ver la muerte: Enoc, que caminó con Dios, y el gran profeta Elías, que fue llevado en un carro de fuego. Con respecto al resto de nosotros, aun cuando "andemos en valle de sombra de muerte", podemos hacerlo sin temor. ¿Por qué? Porque el Señor, nuestro Pastor, que ha caminado con nosotros durante toda nuestra vida, también caminará con nosotros a través de la muerte hasta el otro lado (Salmo 23:4).

Después de la muerte y resurrección de Jesús, y de la venida del Espíritu Santo, los creyentes pueden nuevamente caminar con Dios y son llamados a "andar en el Espíritu" (Gálatas 5:16 RVR60). En nuestra interacción con otros, hemos sido llamados a "andar en amor" (Efesios 5:2 RVR60). Elegimos vivir en la luz de Dios y no en las tinieblas (1 Juan 1:6-7).

Sigamos adelante con la ilustración. Así como disfrutamos de la habilidad y libertad de *caminar*, también aprendemos a *correr* en la etapa de niño pequeño. Nos gusta la sensación de velocidad y sentir el viento en la cara y el cabello. Cuando mi hija menor, Jess, aprendió a caminar, de inmediato también empezó a correr... ¡en puntitas de pie! Donde quiera que iba, ¡corría en puntitas de pie!.

¿Quién marca el paso en tu caminar con Dios? Lo haces tú. Y, desde el punto de vista espiritual, en esta etapa aprendemos que los que confían en el Señor encuentran fortaleza no solo para caminar y no desmayar, sino para correr sin cansarse... y hasta para levantar vuelo como las águilas (Isaías 40:31). Comenzamos a ver nuestro crecimiento espiritual como una maratón, y necesitamos entrenar para "correr con perseverancia la carrera que tenemos por delante" (Hebreos 12:1). Corremos con propósito porque hay un premio al final de la carrera (1 Corintios 9:24-26). Las lecciones que aprendió el apóstol Pablo durante sus primeros pasos con Jesús le sirvieron hasta el final de su vida biológica, y entre sus últimas palabras leemos: "He peleado la buena batalla, he terminado la carrera, me he mantenido en la fe. Por lo demás me espera la corona de justicia" (2 Timoteo 4:7-8). Caminar con Dios y "correr la carrera" se convierten en compromisos de por vida. Comienzan cuando somos recién nacidos espiritualmente, por supuesto, pero la etapa de niño pequeño es el tiempo cuando la mayoría de nosotros empieza a ser más consciente de la importancia de esos compromisos y nos comprometemos a progresar espiritualmente... o no. ¡Qué triste sería si mis hijos biológicos llegaran a ese punto de su desarrollo y se detuvieran ahí! No es menos triste cuando los hijos espirituales no dan pasos de fe para seguir creciendo.

Aprender a hablar

Durante el primer año de sus vidas, nuestros hijos nos oyen hablar y tratan de entender lo que significan todos esos sonidos. Más o menos después de un año, empiezan a discernir y a repetir las palabras más básicas: *mamá, papá, mantita.* La primera palabra de mi hija mayor fue "Aight". Tenía a Corrie en brazos, y ella, mirando hacia arriba, señaló lo que vio: "¡Light!" ("luz"). Al llegar a la etapa de niños pequeño, los hijos comienzan a juntar sílabas para formar palabras, y palabras para construir oraciones. Su vocabulario crece rápidamente durante esta etapa, igual que la claridad del habla.

Aunque la lectura de la Biblia no sea algo nuevo para ti, el libro puede resultar un poco abrumador... por no decir intimidatorio. Es grueso, con más de mil páginas, y está lleno de nombres de personas y lugares que suenan extraños y son difíciles de pronunciar. Y eso sin mencionar que, para muchos de nosotros, la lectura no encabeza nuestra lista de cosas para hacer diarias. Aun así, la nutrición espiritual es vital para los recién nacidos, bebés y niños pequeños espirituales. Pero otro motivo para el consumo diario de las Escrituras es aprender el vocabulario de tu vida y familia espiritual.

Si eres un creyente nuevo que está en pleno crecimiento y se alimenta con la verdad de las Escrituras, el vocabulario bíblico puede sonarte extraño al principio. Las verdades de la Biblia son, en su mayoría, simples y claras. Los creyentes recién nacidos y los bebés disfrutan de las historias conocidas del Antiguo Testamento, los relatos de la vida y el ministerio de Jesús, las muchas promesas de Dios, y otras porciones de la Escritura que son fáciles de entender y aplicar. Pero al continuar leyendo, sin duda encontrarás nombres y terminología desconocidos y desafiantes. Nombres tan misteriosos y extraños como Melquisedec, Zorobabel y Josafat. A veces, dos o más personajes de la Biblia tienen el *mismo nombre.* Por ejemplo, José fue el personaje de la túnica multicolor en el Antiguo Testamento que, después de atravesar muchas pruebas, terminó con un puesto alto en Egipto y almacenó suficiente alimento para que todos pudieran soportar una severa hambruna de siete años. Otro José fue el esposo de María, la madre de Jesús. Un tercero fue clave en la formación de la iglesia primitiva, aunque lo llamaban por su apodo, Bernabé, que significa "hijo de consolación" (Hechos 4:36). También encontrarás muchas personas llamadas María, Santiago, y hasta Judas. Así que, como todo niño pequeño trata de descifrar el lenguaje de los adultos, un niño pequeño espiritual debe hacer todo lo posible para descifrar los nombres extraños y desconocidos de la Biblia. No te dejes atemorizar al punto de no alimentarte con la Palabra.

Un amigo mío de una familia italiana me contó que cuando era un nuevo creyente, leyó el índice de la Biblia por primera vez y le encantó ver a un italiano en la lista: Malaquías. Pero en lugar de la pronunciación tradicional, ¡sus ojos italianos vieron otra cosa! Así que, cuando leas la Biblia, no te enredes con los nombres o las pronunciaciones. Pídele al Espíritu Santo que te ayude a aprender y hablar el lenguaje del amor: "Lo que vale es la fe que actúa mediante el amor" (Gálatas 5:6).

Además de nombres y lugares, encontrarás palabras nuevas que llevan en sí significados profundos de la verdad teológica que Dios quiere que se haga real en tu vida. Palabras como gracia, santidad, encarnación, expiación, reconciliación, justificación, propiciación, santificación y glorificación. No necesitas entender por completo estos conceptos durante la etapa de niño pequeño, pero tampoco debes evitarlos. Aparecerán una y otra vez durante las diferentes etapas, y con el tiempo serán más claras para ti. A esta altura, solo doy una advertencia razonable a los niños pequeños espirituales: que no se preocupen mucho si se encuentran con pasajes y conceptos en la Escritura que parecen sobrepasar lo que pueden entender. Sigue leyendo, charla con mentores comprometidos, y avanza. Todo esto es parte de aprender el lenguaje de la fe.

Hablar con Dios a través de la oración

Otra forma muy importante en que "la fe actúa mediante el amor" es orando. Pablo les dice a los nuevos creyentes en Grecia que "oren sin cesar" (1 Tesalonicenses 5:17). Esto no significa que siempre debemos tener los ojos cerrados y la cabeza inclinada. Significa más bien que siempre debemos mantener nuestra conversación con Dios abierta y activa. A la gente de Filipos, Pablo les escribe: "No se preocupen por nada; en cambio, oren por todo. Díganle a Dios lo que necesitan y denle gracias por todo lo que él ha hecho. Así experimentarán la paz de Dios, que supera todo lo que podemos entender. La paz de Dios cuidará su corazón y su mente mientras vivan en Cristo Jesús" (Filipenses 4:6-7 NTV).

Orar es simplemente hablar con Dios. Siéntete en libertad de hablar con el Señor con la misma intimidad con que lo haces con un familiar o amigo cercano.

Orar es simplemente hablar con Dios. Siéntete en libertad de hablar con el Señor con la misma intimidad con que lo haces con un familiar o amigo cercano. Recuerda, Él te ama y se complace al oír el sonido de tu voz. Puedes orar acerca de todo. Pídele lo que necesitas y dale gracias cuando te responda. Dile cuánto lo amas. Ofrécele tu alabanza por quién es Él y tu gratitud por lo que hace. Dios quiere que abramos nuestra alma y derramemos nuestro corazón ante Él, pues sabe por lo que estamos pasando y, como Jesús estuvo entre nosotros como Dios encarnado, Él entiende la experiencia humana. "Porque no tenemos un sumo sacerdote incapaz de compadecerse de nuestras debilidades, sino uno que ha sido tentado en todo de la misma manera que nosotros, aunque sin pecado. Así que acerquémonos confiadamente al trono de la gracia para recibir misericordia y hallar la gracia que nos ayude en el momento que más la necesitemos" (Hebreos 4:15-16).

La oración es el canal por medio del cual Dios hace fluir Su paz y gracia a nuestro corazón. También es un arma poderosa en la batalla espiritual (hablaremos más acerca de esto cuando lleguemos a la adolescencia espiritual). Por ahora, comienza a hablar con Dios todo el tiempo: cuando te levantes en la mañana, cuando leas la Biblia al comenzar el día, antes de las comidas, durante el día cuando tengas que tomar decisiones y, por la noche, cuando te acuestes. ¡No existe un momento inoportuno para orar! Es parte de vivir lo que predicamos en nueva vida en Cristo.

Aprender la disciplina

Personalmente, como abuelo de niños que están en el jardín, creo que los niños pequeños son divertidísimos. ¡No hay tiempo para aburrirse! Tienen una curiosidad extraordinaria, y eso es algo positivo. No hay cosa que diga un adulto que no reciba un "¿por qué?". En esta etapa, están listos para recibir cualquier enseñanza, y los padres sabios los dejarán expresar su curiosidad de muchas maneras: leyendo, construyendo, explorando, dibujando, pintando, haciendo música y otras actividades.

En la medida en que crece su curiosidad, su destreza física mejora. Ahora no solo pueden correr y saltar, también pueden subir escaleras y meterse en cualquier estructura. Pueden girar picaportes y retorcer recipientes abiertos. Los padres quieren dar a sus pequeños toda oportunidad de aprendizaje, pero necesitan estar atentos para evitar que se hagan daño.

Junto con la capacidad física también adquieren una consciencia de sí mismos que crece constantemente. Sí, durante esta fase aprenden a caminar y correr, pero ahora no siempre deciden venir cuando los llamas. Poco después de aprender a hablar, aprenden a *contestarles* a los padres. Ahora están desarrollando su propia voluntad. Además del "¿Por qué?", sus palabras favoritas parecen ser "¡No!" y "¡Mío!". El concepto de compartir es algo extraño para ellos, y son muy comunes las pataletas. Los padres aprenden con rapidez que esta es la fase de los "terribles dos", ya que el niño comienza a establecer su propia identidad.

No es fácil para los padres de los niños pequeños estimular el deseo de aprendizaje en el nene y al mismo tiempo establecer límites claros para prevenir que su curiosidad se le vaya de las manos. La disciplina se hace necesaria, y a pesar de lo que piense el niño, la mayoría de los padres tratan de que la disciplina se administre de una manera amorosa, consistente y justa. Pero si los padres son persistentes en el amor y la disciplina de sus hijos, a la larga los niños pequeños aprenden que es mucho más fácil *cooperar* con sus padres que *resistirlos* con tanta fuerza.

La disciplina espiritual puede confundir a algunos niñitos cristianos. Las etapas anteriores de recién nacido y bebé fueron tiempos cuando sus padres espirituales hacían todo por ellos, pero ahora necesitan comenzar a tomar responsabilidad por sus decisiones. Al continuar alimentándonos de la Palabra de Dios, es muy posible que encontremos algunos pasajes que demandan de nosotros cambios importantes en nuestros hábitos y nuestro comportamiento; y cuando la mentalidad de niño pequeño entra en efecto, podemos resistir lo que estamos leyendo. Exigimos saber por qué, o pateamos y decimos "¡no!". Desafortunadamente, muchos creyentes en crecimiento tienden a estancarse en la etapa de los "terribles dos". A algunos no les gusta que les digan qué hacer o cómo actuar. Otros permanecen tan enfocados en sí mismos que están enceguecidos ante los derechos y las necesidades de los demás. E incluso otros esperan que todo les resulte fácil después de entregarle la vida a Cristo, y están listos para irse cuando empiezan a oír acerca de la realidad del sufrimiento y el sacrificio.

Pero un padre amoroso nunca se da por vencido con su hijo en crecimiento, aunque él o ella pueda ser bastante difícil. Tampoco Dios abandona a uno de Sus hijos cuando actúa de manera desafiante. Es el amor persistente y continuo lo que trae a un hijo de regreso al Padre y a la familia de creyentes. Pero ese amor también puede requerir algo de disciplina.

Una verdad de la Escritura en la que debemos hacer énfasis durante la etapa de niño pequeño es que la disciplina espiritual es motivada por el amor. El escritor a los hebreos lo explica así:

> ¿Acaso olvidaron las palabras de aliento con que Dios les habló a ustedes como a hijos? Él dijo: "Hijo mío, no tomes a la ligera la disciplina del SEÑOR y no te des por vencido cuando te corrige. Pues el SEÑOR disciplina a los que ama y castiga a todo el que recibe como hijo".
>
> Al soportar esta disciplina divina, recuerden que Dios los trata como a sus propios hijos. ¿Acaso alguien oyó hablar de un hijo que nunca fue disciplinado por su padre? Si Dios no los disciplina a ustedes como lo hace con todos sus hijos, quiere decir que ustedes no son verdaderamente sus hijos, sino que son ilegítimos. Ya que respetábamos a nuestros padres terrenales que nos disciplinaban, ¿acaso no deberíamos someternos aún más a la disciplina del Padre de nuestro espíritu, y así vivir para siempre?
>
> Pues nuestros padres terrenales nos disciplinaron durante algunos años e hicieron lo mejor que pudieron, pero la disciplina de Dios siempre es buena para nosotros, a fin de que participemos de su santidad. Ninguna disciplina resulta agradable a la hora de recibirla. Al contrario, ¡es dolorosa! Pero después, produce la apacible cosecha de una vida recta para los que han sido entrenados por ella. (Hebreos 12:5-11 NTV)

Así como un padre amoroso castiga a su niño pequeño desafiante para ayudarlo a controlar sus emociones y escuchar lo que mamá y papá le dijeron que hiciera, Dios permite que sus hijos atraviesen circunstancias desagradables para su propio bien. La disciplina de Dios, como la disciplina justa de un padre, siempre es motivada por el amor, con el resultado deseado de un mejor comportamiento y una vida más placentera y gratificante para el niño.

Tal vez sientas que Dios establece límites para ti y te habla por su Espíritu diciendo:

- "No, ese lenguaje no lo usamos en nuestra familia cristiana; trata de hablar con más amabilidad la próxima vez".
- "No, así no se trata a la gente; sé más compasivo".
- "No, no voy a responder a esa oración. Todavía no es el tiempo".

La mayoría de niños pequeños oyen a sus padres decirles que no muchas veces. Y en la etapa de niño pequeño espiritual, también escuchamos que Dios nos dice que no con bastante frecuencia, pero eso no significa que Dios está enojado contigo. Lo que significa es que te está acompañando en el camino y tratando de mantenerte a salvo mientras creces. Estás en una etapa de curiosidad y los límites son apropiados... y necesarios.

También necesitamos aprender tan pronto como podamos que las disciplinas de Dios no siempre se deben a nuestro comportamiento personal. A veces, sí escogemos el camino equivocado o hacemos algo que no debemos, Él trata de ponernos a salvo de nuevo. Pero otras veces usa la disciplina para hacernos más fuertes, para prepararnos para otras batallas más duras en las etapas futuras del crecimiento espiritual. Así como un entrenador exige a los jugadores a hacer más de lo que creían ser capaces de hacer, Dios usa los acontecimientos en nuestra vida (a veces, los difíciles y dolorosos) como ejercicios de entrenamiento para desarrollar nuestra confianza en Su poder y salvación, y para prepararnos para ayudar a otros que puedan atravesar pruebas similares.

El sufrimiento como disciplina no es placentero, pero en las manos de Dios siempre tiene un propósito. De hecho, el sufrimiento da inicio a un efecto dominó de crecimiento personal y espiritual. Pablo lo explica así: "Y no solo en esto, sino también en nuestros sufrimientos, porque sabemos que el sufrimiento produce perseverancia; la perseverancia, entereza de carácter; la entereza de carácter, esperanza. Y esta esperanza no nos defrauda, porque Dios ha derramado su amor en nuestro corazón por el Espíritu Santo que nos ha dado" (Romanos 5:3-5).

Es algo así como: ***Sufrimiento* ➔ *Perseverancia* ➔ *Entereza de carácter* ➔ *Esperanza*.**

¿Cómo podemos desarrollar la perseverancia si nunca sufrimos? ¿Cómo podemos convertirnos en hombres y mujeres de carácter intachable si no aprendemos a perseverar a través de los acontecimientos que nos perturban? Éste es el proceso que a la larga nos ayuda a llegar a una creencia firme y segura de que Dios estará con nosotros en todo aquello que enfrentamos. Ése es un nivel de esperanza cristiana que solo viene con la madurez espiritual, y la madurez espiritual solo aumenta mediante una respuesta llena de fe ante los tiempos difíciles.

(En los próximos capítulos, veremos la importancia de la autodisciplina, pero en la etapa de niño pequeño, la disciplina a menudo es dada por una madre o un padre amoroso y atento).

Un plan de crecimiento

Otra coincidencia entre el niño pequeño biológico y alguien en la etapa de niño pequeño espiritual es el deseo de apresurarse a la madurez. A los niños les encanta vestirse con la ropa de sus padres y pisar fuerte por ahí con sus zapatos grandes, haciendo de cuenta que son adultos. Es completamente normal y natural que te proyectes al rol de un padre.

Pero, como hemos visto, no hay atajos para el crecimiento espiritual... no hay carretera de circunvalación o rápida a la madurez. No podemos saltear ninguna de las etapas, aunque la transición de recién nacido a bebé y de bebé a niño pequeño nos parezca tediosa. Empezamos a preguntarnos si alguna vez creceremos espiritualmente. Pero aunque a un niño pequeño espiritual todavía le queda mucho camino por recorrer y crecer, es bueno comenzar con la ambición. Pero doy una palabra de advertencia: aunque todos queremos lograr nuevos niveles de madurez, esto raramente sucede con facilidad o rapidez.

Quizá estás en el nivel de niño pequeño espiritual, y estás leyendo esto y preguntándote: *¿Qué debo hacer para llegar al próximo nivel?* Permíteme ofrecerte tres sugerencias breves para ayudarte a mantener el rumbo:

Primero, *mantente curioso*. Trata de mantener la maravillosa curiosidad de un niño pequeño a través de toda la vida. Aférrate a ella. No dejes de crecer. Explora y prueba nuevas experiencias, trata de obedecer los mandatos de Jesús, trata de andar por la fe y profundizar en la verdad de las Escrituras. A Dios no le molestan nuestras preguntas, nuestras peticiones, ni siquiera nuestras dudas. Es más, Él las recibe con gusto. Jesús nos invitó: "Pidan, y se les dará; busquen, y encontrarán; llamen, y se les abrirá. Porque todo el que pide, recibe; el que busca, encuentra; y al que llama, se le abre" (Mateo 7:7-8).

Podemos perdernos mucho de lo que Dios revela acerca de sí mismo, simplemente porque no nos detenemos a reflexionar sobre ello. Hacer preguntas y meditar sobre verdades desconcertantes es una forma importante de aprender. Sigue preguntando: "¿Por qué?", sobre todo cuando se trata de tu fe. "¿Por qué actuó Dios de esa manera en esa situación en particular?". "¿Por qué Dios *no hizo* algo cuando aquello sucedió?". "¿Por qué Dios continúa usando a gente tan imperfecta para cumplir Su voluntad?". Pronto descubrirás que, mientras más respuestas encuentres, más preguntas tendrás. (ALERTA: nunca encontrarás *todas* las respuestas que buscas, porque gran parte del camino de fe es un misterio. En mi vida, ese misterio es mucho más que saber las respuestas. ¡Se trata de conocer a Dios!).

Por lo tanto, *mantente curioso*, pero mantente real. Los niños pequeños son muy honestos acerca de sus imperfecciones. Se caen mucho, pero se levantan de inmediato. Y te dicen exactamente lo que sienten, ya sea bueno o malo.

En la etapa de niño pequeño espiritual, debes permitirte fracasar y sentir. Mucha gente vive obsesionada con la perfección durante esta etapa. No esperes entenderlo todo la primera vez. Y cuando no entiendas, no hagas de cuenta que entendiste. Dios sabe que no eres perfecto, ¡y nosotros también! Cuando aprendas a confiar en Dios a través de tu proceso de crecimiento, podrás ver cada fracaso como una oportunidad para volver a empezar... de cero.

Sé honesto esos días en que tu fe no es tan fuerte como el día anterior. Nadie tiene un gráfico de crecimiento con una flecha que avanza constantemente hacia arriba y hacia la derecha. Todos tenemos altibajos, períodos de crecimiento rápido intercalados con sequías. Si comienzas a sentir que tu fe se tambalea un poco, sé honesto al respecto. El hecho de que hoy no sientas la misma confianza que ayer, no significa que tu fe se está evaporando. Hay cualquier cantidad de razones por las que puedes sentirte de otro modo.

De niño, me encantaba jugar a la lucha con mi papá, y ahora lo hago con mis nietos. Me gusta pensar que cuando somos niños espirituales, Dios también nos deja luchar con Él. Creo que Él quiere que disfrutemos luchar con circunstancias que parecen ser mayores que nosotros. Él nos invita a luchar con Él en oración cuando atravesamos situaciones que no comprendemos. A veces, sentimos que estamos recibiendo un gran "¡No!" de Dios, y solo queremos llorar. En ese momento, necesitamos aferrarnos a nuestra fe de que Dios nos ama con el amor y cuidado de una madre, y quiere consolarnos. Aun cuando luchamos con la fe para entender la voluntad y el camino de Dios, Él nunca quiere que dejemos de creer. Podemos orar como el hombre que le dijo a Jesús: "Creo; ayuda mi incredulidad" (Marcos 9:24 RVR1960).

Es demasiado fácil fingir la fe. Cuando éramos niños pequeños, aprendimos lo que teníamos que decir y cómo teníamos que actuar. Ahora, como personas adultas, aunque niños pequeños en lo espiritual, algunos creyentes se impacientan y comienzan a fingir ser gigantes de la fe (como un niño pequeño que se viste de adulto) cuando todavía son bastante inmaduros. Esas personas pueden hacer más mal que bien, tanto a sí mismas como a otros.

Es útil tener un mentor espiritual confiable a quien puedas expresar tus sentimientos. Encuentra a alguien que esté disponible, que sepa escuchar, que te deje derramar tus sentimientos más profundos sin muchas interrupciones. Pero también debe ser alguien que, después de escuchar con cuidado, pueda ofrecerte consejo sano. No importa cuál sea tu posición en el gráfico de crecimiento espiritual, todos podemos beneficiarnos de la sabiduría y experiencia de alguien que lleva un poco más de tiempo en el camino espiritual.

Así que... mantente curioso. Sé honesto. Y luego, con toda la sinceridad, honestidad y energía que puedas reunir, *mantén el rumbo*.

Así que... mantente curioso. Sé honesto. Y luego, con toda la sinceridad, honestidad y energía que puedas reunir, *mantén el rumbo*. La mayoría de servicios de adoración son una vez por semana, pero la fe la desarrollamos día a día. Sigue confiando día a día. Sigue orando día a día. Come del pan de la Palabra día a día. Ejercita tu fe día a día.

Durante mi temprana niñez espiritual, mi hambre espiritual era tal que nunca me parecía suficiente lo que recibía de la Biblia. No quería que otra persona me alimentara todo el tiempo, así que comencé a leer la Biblia por mí mismo todos los días, muchas veces al día. La llevaba conmigo a todas partes. Y cuando la leía y algo importante surgía, lo subrayaba o resaltaba en la página. A menudo, escribía pasajes significativos en una tarjeta, y después trataba de memorizarlos.

Un pasaje en particular fue de tremendo aliento para mí. Jesús dijo: "Cuídense de lo que oigan. Con la medida con que ustedes midan, se les medirá, y aun más se les dará. Porque al que tiene, se le dará *más*, pero al que no tiene, aun lo que tiene se le quitará" (Marcos 4:24-25 NBLA).

En ese entonces, no creo haber entendido la última parte, pero estaba entusiasmado con la primera. Cuando Jesús dijo que con la medida con que mida, se me medirá, quiso decir que yo podía crecer espiritualmente al ritmo que yo eligiera. Lo que oí a Jesús decirme era que, si yo voy con Dios hasta el final, Dios irá conmigo hasta el final. Y si no hago nada, corro peligro de perder lo que tengo. Pero el ritmo de mi desarrollo espiritual, el ritmo de mi crecimiento, dependía de mí y de Jesús. Recuerdo que pensé: *Si es así y mi crecimiento no depende de nadie más que de mí, del Señor, y de la medida que yo use, entonces puedo establecer mi propio ritmo, y Dios responderá a mi fe.*

Después de años de poner en práctica este principio, quiero asegurarte de que no solo es válido para mí, sino para todos los que queremos crecer en nuestra fe. Dios no solo quiere que crezcas; Él quiere que crezcas hasta alcanzar la plenitud de Dios. Su propósito se repite en la Escritura (Juan 17:13; Romanos 15:29; Efesios 3:17-19; 4:16-19).

La medida que usas es la medida que Dios usa contigo. Lo amamos porque Él nos amó primero, y nos da la oportunidad de responder en fe.

¿Qué puedes hacer si crees que eres un niño pequeño espiritual? ¡Acepta esta etapa de tu vida y crece! Aprende a caminar (y hasta correr) en la fe. Comienza a desarrollar disciplinas espirituales. Mantente curioso, sé honesto y mantén el rumbo. Y otro punto crucial: *¡No te quedes donde estás!*

Antes de que te des cuenta, no solo estarás hablando, sino que estarás caminando con gozo y confianza, y experimentando un andar más íntimo y profundo con Dios. Antes mencioné a Buzz Aldrin y su tiempo de adoración cuando tomó la Santa Cena en la luna. Al concluir la misión de Apolo 11, cuando los tres astronautas estaban regresando a la tierra, Aldrin leyó en voz alta estas palabras: "Cuando veo tus cielos, obra de tus dedos, la luna y las estrellas que tú formaste, digo: ¿Qué es el hombre, para que tengas de él memoria, y el hijo del hombre, para que lo visites?" (Salmo 8:3-4 RVR1960). El himno preferido de mi abuela decía: "Él conmigo está, puedo oír su voz, y que suyo, dice, seré". Ojalá que al crecer para llegar al próximo nivel puedas conocer el gozo y la maravilla de caminar con Dios y de sentir que te dice cuán especial eres para Él.

Durante las primeras tres etapas del desarrollo espiritual, los creyentes pequeñitos dicen: "aliméntame". Dependen de que otros les den el sustento que los ayudará a crecer. Ahora están listos para las próximas tres etapas. En éstas, ellos dicen: "prepárame" para un gran futuro.

ETAPA	LECCIÓN
Los padrinos	
Los abuelos	
Los padres	
El adulto	
El adolescente	
El preadolescente	
El niño	
El niño pequeño	Aprende a caminar en fe y a hablar con Dios a través de la oración mientras creces con Dios y otros en comunidad.
El bebé	Recibe el cuidado y la atención de tu amoroso Padre celestial y de otros "padres" espirituales que quieren ayudarte a crecer.
El recién nacido	Nace de nuevo y recibe la nueva vida maravillosa que Dios te da.

LAS PÁGINAS DE LA AVENTURA

El plan de vuelo del piloto

1. En una escala de uno (mínimo) a diez (máximo), ¿cómo evaluarías tu actual caminar con Dios? Explica tu respuesta.

   (¿Te mantienes sincronizado con el Espíritu? ¿Andas en el camino del amor? ¿Andas en la luz en vez de las tinieblas?).

2. ¿A qué peligros podrían exponerse los niños pequeños ahora que pueden caminar a donde quieren en lugar de a donde sus padres quieren que vayan?

3. ¿Qué pasajes de la Escritura difíciles o desafiantes has encontrado recientemente en tu lectura bíblica? ¿Hasta qué punto te irritas cuando encuentras nombres largos o conceptos desconocidos?

4. ¿Has sentido alguna vez que Dios te disciplina? Si es así, ¿cómo te hizo sentir eso? ¿Entiendes que esas disciplinas son señales del amor de Dios por ti? ¿Por qué es indispensable entender (por no decir apreciar) el propósito de Dios para la disciplina?

5. ¿Qué necesitas hacer más que nada en esta etapa de tu camino espiritual?

- ¿Mantenerte curioso?
- ¿Serhonesto?
- ¿O mantener el rumbo?

Explica tu respuesta.

Correcciones de rumbo

Si solo haces una cosa, haz lo siguiente: cuando leas la Biblia, mantente curioso. En cada pasaje, pregunta quién, qué, cuándo, dónde, cómo y por qué. ¡Te sorprenderás de todo lo que notas!

El diario del comandante de vuelo

Si eres mentor de alguien en esta etapa, te sugiero lo siguiente:

- Cuando leas la Biblia con tu amigo, señala cosas increíbles y haz buenas preguntas.
- Lleva contigo a tu amigo cuando sirvas.
- Celebra cada pregunta que él o ella haga.

CUARTA ETAPA

"¡MIRA LO QUE PUEDO HACER!"

EL NIÑO

"Ven a mirar esas luces brillar,
questa amable bella notte..."

—De la canción "Bella notte", del largometraje de Walt Disney *La dama y el vagabundo*

¡Guau! Apenas tenía siete años, con cabello negro como el carbón y bucles que le cubrían los hombros, llevaba un vestido sin mangas de tafetán blanco... caminó despacio al centro de la plataforma al final del servicio de adoración de Nochebuena. Cientos de personas estábamos reunidas en el salón con velas sin encender en la mano mientras nos preparábamos para pasar la llama, mecha a mecha, vela a vela, y levantar nuestras luces juntos para desafiar la oscuridad en el salón. Las pequeñas luces brillaban como estrellas en la noche sobre nosotros, y los cantantes adultos que la rodeaban parecían una hueste de ángeles. De pronto...

Esta lucecita mía, la dejaré brillar.
Esta lucecita mía, la dejaré brillar.
Esta lucecita mía, la dejaré brillar.
Brillará, brillará, brillará.

Sophia no se había quedado sin aliento, ¡pero muchos de los adultos allí presentes sí! Nos sentíamos tan orgullosos y quedamos maravillados cuando una de nuestras jovencitas en desarrollo dio un paso adelante y cantó su solo sin desafinar una vez, y lo hizo llena de fuerza y pasión. Fue un momento inestimable. Sophia estaba demostrando la verdad que estaba declarando, encarnando las palabras que cantó para que todos viéramos y oyéramos. Muchos se le unieron espontáneamente, ¡el coro de adultos, y todos nosotros! Su entusiasmo era contagioso. Pronto el salón se iluminó con el suave brillo de la danza de las velas.

Pasemos ahora a otra escena navideña. Mi nieto mayor, West, que entonces tenía cinco años, abrió uno de los regalos con su nombre: una caja llena de piezas para armar algo por sí mismo. ¿Qué iría a construir? ¿Sería el fortín dibujado en la caja, lo suficientemente grande para que West entrara en él? No, pero en cuestión de segundos, había envoltorio de regalo por todas partes, ¡la caja estaba abierta y las partes empezaban a ensamblarse mientras un pequeño ingeniero muy resuelto estaba ocupadísimo construyendo un cohete que pronto pilotearía hacia el espacio desde la comodidad de la sala de estar!

"Esta lucecita mía" y una caja llena de piezas sueltas para armar. ¿Qué tienen en común? Las cualidades principales de la niñez son el entusiasmo y la determinación, tanto en lo físico como en lo espiritual. La niñez biológica es el tiempo de: "¡Mírame! ¡Obsérvame! ¡Mamá, papá, mira lo que puedo hacer!". Es el tiempo cuando a los niños les encanta oír a los adultos decir: "Sé que puedes hacerlo, y creo de verdad que puedes hacerlo solo". La determinación empieza cuando los niños experimentan la libertad y alcanzan logros como comer y vestirse sin ayuda, atarse los cordones, sacar la basura, dar de comer al perro, y probar juegos nuevos. Y a medida que desarrollan su confianza con el entusiasmo y la determinación que recién descubrieron, ésta es una etapa de crecimiento rápido, y esas cualidades los ayudarán por el resto de su vida.

Las tinieblas no prevalecerán contra ella

De hecho, la canción "Esta lucecita mía" es un ejemplo ideal. El niño que la canta con gozo no tiene la menor idea de hasta dónde se extienden las tinieblas en el mundo y de la importancia de la luz. A muchos les sorprenderá saber que la canción fue escrita en 1920 por Harry Dixon Loes, maestro de música y compositor, para usarla en la Escuela Dominical. Más tarde, la canción fue adoptada y adaptada durante las décadas de 1950 y 1960, y se convirtió en la canción más popular del Movimiento de Derechos Civiles, y muchos creían erróneamente que era una canción negro espiritual tradicional.[10]

Además de su uso durante la lucha por los derechos civiles, "Esta lucecita mía" se usó más recientemente como una canción unificadora de esperanza y reconciliación. David Letterman le pidió a la cantante folclórica Odetta ser la primera intérprete en cantar en su programa *Late Night* cuando el programa volvió al aire después del ataque terrorista que destruyó las torres del World Trade Center el 11 de septiembre de 2001. Odetta cantó junto al coro infantil de Harlem tres canciones, una de ellas fue "Esta lucecita mía".[11] Un grupo interconfesional la cantó en Charlottesville, Virginia, en agosto de 2010 durante una protesta contra una concentración de miembros armados del Ku Klux Klan y otras organizaciones de la supremacía blanca. Y el nuevo Museo de Derechos Civiles de Mississippi incluye una imponente escultura como atracción principal donde las visitas pueden ver la historia del movimiento mientras en el fondo muchas voces cantan "Esta lucecita mía".[12]

Por tanto, la próxima vez que veas a niños (sobre todo si son tus hijos y nietos) cantando "Esta lucecita mía", o cualquier otra canción de alabanza, recuerda cómo una simple canción los puede influenciar en los próximos años. A medida que maduran, verán con más claridad la importancia de dejar que su luz brille en la oscuridad.

Éste es solo un ejemplo de la importancia de comprometerse de por vida a alcanzar la madurez espiritual. En todas las etapas, aprendemos cosas nuevas acerca de Dios y de nosotros mismos. Posiblemente esas lecciones no sean relevantes de inmediato, pero a menudo resultan ser más esenciales para nuestro bienestar de lo que jamás hubiéramos imaginado.

"Esta lucecita mía" está basada en una de las declaraciones más importantes que Jesús hizo en el Sermón del Monte: "Ustedes son la luz del mundo. Una ciudad en lo alto de una colina no puede esconderse. Ni se enciende una lámpara para cubrirla con un cajón. Por el contrario, se pone en la repisa para que alumbre a todos los que están en la casa. Hagan brillar su luz delante de todos, para que ellos puedan ver las buenas obras de ustedes y alaben al Padre que está en el cielo" (Mateo 5:14-16).

Es durante la niñez espiritual que descubrimos que nuestras palabras y acciones pueden ayudar a otros a conocer a nuestro Padre celestial. Los niños espirituales dicen: "¡Mírame. Obsérvame!". Ellos toman la iniciativa, demostrando confianza y determinación para que otros puedan encontrar el camino hacia la luz. Y su entusiasmo crece al descubrir que su gozo se intensifica: primero experimentan el entusiasmo de servir a Jesús, y luego descubren que sus buenas obras pueden iluminar el camino para que otros descubran la bondad de Dios. (A veces, los niños espirituales tienen ideas equivocadas acerca de las buenas obras. Hablaremos de eso más adelante).

Tal vez aprendamos primero la gran verdad de la Escritura cantando con alguien, pero la verdad llega a tener más sentido mientras marchamos por el camino. La canción que muchos de nosotros aprendimos como una tonada alegre de niños cobra un nuevo significado: se convierte en un himno cuando maduramos y descubrimos la intensidad y el alcance de las tinieblas morales y espirituales que enfrentamos de vez en cuando.

Una lección de vida inolvidable

Me gusta en particular el relato del Evangelio donde un niño tiene el papel central en la historia pero nadie lo nota. Después de que Jesús demostró el increíble poder sanador de Dios, multitudes comenzaron a seguirlo a todas partes. Imagínate si hoy en día alguien viniera con una cura eficaz e instantánea para COVID-19, el cáncer, la esclerosis múltiple, o cualquier otra enfermedad que todavía es incurable. ¿Crees que sería popular? Pues bien, Jesús fue el sanador de todas las enfermedades y sus seguidores llegaron a ser miles. Después de un largo día enseñando y sanando, Jesús notó que la gente que lo escuchaba tenía hambre. Como si estuviera pensando: "La gente no solo debe encontrar sanidad en mí, sino también sustento", y desafió a Sus discípulos a alimentar a la multitud antes de regresar a casa para pasar la noche. Los cuatro Evangelios lo narran, pero a mí me gusta cómo lo relata Juan:

> Cuando Jesús alzó la vista y vio una gran multitud que venía hacia él, le dijo a Felipe: "¿Dónde vamos a comprar pan para que coma esta gente?". Esto lo dijo solo para ponerlo a prueba, porque él ya sabía lo que iba a hacer.
>
> "Ni con el salario de ocho meses podríamos comprar suficiente pan para darle un pedazo a cada uno", respondió Felipe.
>
> Otro de sus discípulos, Andrés, que era hermano de Simón Pedro, le dijo: "Aquí hay un muchacho que tiene cinco panes de cebada y dos pescados, pero ¿qué es esto para tanta gente?".
>
> "Hagan que se sienten todos", ordenó Jesús. En ese lugar había mucha hierba. Así que se sentaron, y los varones adultos eran como cinco mil. Jesús tomó entonces los panes, dio gracias y distribuyó a los que estaban sentados todo lo que quisieron. Lo mismo hizo con los pescados.
>
> Una vez que quedaron satisfechos, dijo a sus discípulos: "Recojan los pedazos que sobraron, para que no se desperdicie nada". Así lo hicieron y, con los pedazos de los cinco panes de cebada que les sobraron a los que habían comido, llenaron doce canastas. (John 6:5-13)

Juan es el único que menciona al muchacho en la historia. Los discípulos adultos parecían sentirse impotentes e inútiles. Felipe sacó la cuenta y dio el informe financiero de cuánto costaría alimentar a toda la gente. Andrés hizo el inventario de la provisión. Todos protestaron contra las instrucciones de Jesús con datos y cifras. Eso es lo que hacen los adultos,

¿no?. Pero fue un niño quien hizo brillar su pequeña luz, ofreciéndole su almuerzo a Jesús.

¿Puedes imaginarte a ese niño, ya adulto, reflexionando sobre aquel día, y contándoles a sus hijos y nietos lo que sucedió? Me pregunto cuántas veces durante su vida volvió a contar la historia de cómo la comida salía sin parar de su bolsa, a cuántas personas alimentó, ¡y todo lo que sobró! Aquel día, él hizo brillar su lucecita, y vio el bien que Jesús hizo con ella... el bien que él y Jesús hicieron juntos para ayudar a tanta gente y marcar tal diferencia en su mundo. ¿Cómo iba a saber aquel niño que hoy en día íbamos a estar hablando de cuando él compartió su almuerzo y de lo que Jesús hizo con él?

Desarrollarse como niño espiritual es así para todos nosotros. Primero, aprendemos a hacer brillar nuestra luz para Cristo y, luego, comenzamos a ver el bien que resulta en el mundo. Pero, como el niño en la historia, es probable que nunca nos demos cuenta de todo el bien que resulta de eso.

Jesús y los niños

Jesús creía que la niñez es especial y demostró que los niños merecen nuestro respeto. Muchos padres están absortos con el estrés de la vida. Esas presiones ya eran intensas antes de la pandemia, los problemas económicos y la agitación racial, ¡y ahora se han duplicado! A veces, los niños se sienten ignorados y hasta abandonados emocionalmente ante el peso de las presiones que enfrenta la familia. La intención de los padres no es hacer daño a sus hijos, pero se sienten abrumados. Jesús sabía algo acerca de la presión. Él tenía sobre sus hombros el peso del mundo, pero no se ha encontrado registro de que en algún momento dijera algo indebido porque se sentía aplastado por la presión. Jesús siempre tuvo a los niños en muy alta estima.

Los relatos de Mateo, Marcos y Lucas ignoran totalmente al muchacho con los panes y peces, y Juan apenas lo menciona. Pero en casi todos los otros lugares donde la Escritura describe un encuentro entre

Jesús y un niño, surge una lección importante. Considera las siguientes lecciones:

Sabemos que los discípulos discutían con frecuencia entre ellos acerca de quién era el mayor (Mateo 20:20-24; Marcos 9:33-34; Lucas 9:46; 22:24). Un día, vinieron a Jesús y le preguntaron al respecto, pero no estaban preparados para su respuesta:

> En ese momento los discípulos se acercaron a Jesús y le preguntaron: "¿Quién es el más importante en el reino de los cielos?". Él llamó a un niño y lo puso en medio de ellos. Entonces dijo: "Les aseguro que a menos que ustedes cambien y se vuelvan como niños, no entrarán en el reino de los cielos. Por tanto, el que se humilla como este niño será el más grande en el reino de los cielos. Y el que recibe en mi nombre a un niño como este, me recibe a mí". (Mateo 18:1-5)

¿Qué tienen los niños que Jesús admiraba tanto? Está claro que muchas de las cosas que hacemos en nuestra niñez biológica no son en lo más mínimo dignas de admiración. Intimidamos a los más pequeños para lograr lo que queremos. Nos decimos nombres desagradables. Peleamos con nuestros hermanos. Rompemos cosas y tratamos de esconder la evidencia con la esperanza de que nadie descubra el crimen. Aprendemos a compartir, pero no siempre estamos dispuestos a hacerlo. Por eso, Pablo escribió: "Cuando yo era niño, hablaba como niño, pensaba como niño, razonaba como niño; cuando llegué a ser adulto, dejé atrás las cosas de niño" (1 Corintios 13:11). ¿Qué vio Jesús en los niños que Pablo no vio? ¿Es que hay un conflicto aquí? No, para nada.

Hay una gran diferencia entre ser *aniñados* y ser *como niños.*

Hay una gran diferencia entre ser *aniñados* y ser *como niños*. Pablo hace referencia al comportamiento infantil egocéntrico, celoso, quejoso y avaro. Cuando maduramos, debemos dejar atrás estas cosas. Yo pienso que Jesús vio lo mejor de los niños: su disposición para probar cosas nuevas, el gozo del descubrimiento, y la fe simple e incondicional en aquellos que los aman. Si "dejamos atrás" esas cualidades de niños es para nuestro perjuicio.

Marcos registró una conversación similar entre Jesús y los doce apóstoles (Marcos 9:33-37) acerca de la importancia de respetar a los niños. Pero en esa conversación, los doce se quejaban de haber visto a otro adulto hablando y obrando en nombre de Jesús, y se lo prohibieron porque no era uno de ellos (Marcos 9:38). Probablemente tenían razón al pensar que la fe de aquel hombre no estaba tan desarrollada como la de ellos. Sin embargo, Jesús les dijo que no prohibieran a esas personas expresarse. Y añadió: "Si alguien hace pecar a uno de estos pequeños que creen en mí, más le valdría que le ataran al cuello una piedra de molino y lo arrojaran al mar". (Marcos 9:39-42)

Resulta evidente que Jesús sentía un amor intenso y compasivo por los niños, lo cual no es de sorprender. Sin embargo, aquí vemos esa misma estima por los niños espirituales... de cualquier edad. Si eres de edad avanzada, pero solo ahora has empezado a oír y aplicar las verdades de la Escritura en la vida consagrada, puedes estar seguro de que tienes todo el apoyo de un Padre celestial que te ama y te perdona. No te quedes atrapado en este nivel; sigue avanzando en tu camino espiritual.

Descubrirás que es bastante fácil entender las enseñanzas de Jesús y la Escritura, pero puede ser bastante más difícil aplicarlas consistentemente. Los discípulos de Jesús estaban con Él de continuo. No solo fueron testigos de todos sus milagros y oyeron todas sus enseñanzas, sino que podían hacerle preguntas en privado y adquirir más sabiduría después de que las multitudes se iban a casa. Aun así, repetidas veces fracasaron al tratar de practicar lo que Él predicaba. (No sé cómo te suena esto, ¡pero para mí es muy alentador! Me puedo identificar con ellos).

Acabamos de ver a Jesús tratar de inculcar a sus seguidores más cercanos la importancia de respetar a los niños: a los niños más pequeños y a los que estaban en la etapa de la niñez espiritual. Poco tiempo después, Jesús estaba enseñando cuando la gente comenzó a traerle a sus niños para que los bendijera. Los discípulos sabían (o *creían* que sabían) que Jesús tenía cosas más importantes para hacer que perder el tiempo con los niños, y trataron de impedir que los niños sencillos interfirieran con el ministerio de Jesús. De nuevo, la inesperada respuesta de Jesús los sorprendió:

> Empezaron a llevarle niños a Jesús para que los tocara, pero los discípulos reprendían a quienes los llevaban. Cuando Jesús se dio cuenta, se indignó y les dijo: "Dejen que los niños vengan a mí, y no se lo impidan, porque el reino de Dios es de quienes son como ellos. Les aseguro que el que no reciba el reino de Dios como un niño de ninguna manera entrará en él". Y después de abrazarlos, los bendecía poniendo las manos sobre ellos. (Marcos 10:13-16)

Después de todo lo que les había enseñado acerca de la calidez y amplitud de Su amor, los discípulos trataron de ahuyentar a los padres y a sus hijos. Esta vez, Jesús "se indignó", y en un momento de ira y dolor los reprochó. Jesús no se enojaba con frecuencia, especialmente con el grupo que estaba preparando para continuar Su misión después de Su muerte, pero en este caso, ellos estaban ignorando una verdad fundamental. El reino de Dios no está establecido sobre la misma estructura de poder que los reinos humanos. El requisito principal para entrar en el reino no es el poder; de hecho, es todo lo contrario: es la fe de un niño. Una relación con Jesús prevalece sobre el estatus, el control, el poder, la riqueza, los logros y todo estándar humano.

Los apóstoles debían haberse comportado de otra manera, pero bueno, nosotros también. ¿Cuántas veces has estado en un grupo de adultos hablando de política, de acontecimientos mundiales, de deportes, o aun de algo de la Biblia, cuando se acerca un niño queriéndote mostrar algo y llamar tu atención? ¿Lo dejas de lado o le dices que espere hasta después? Dudo que hayas estado más ocupado que Jesús cuando estaba en la tierra, enseñando y sanando. Pero incluso cuando estaba muy ocupado, su respuesta a los niños era tenerlos en brazos y amarlos... y luego ponerlos como ejemplo.

El intento de los discípulos de rechazar a los niños ansiosos por ver a Jesús fue especialmente ofensivo porque los padres solo buscaban la bendición de Jesús. Estaban tratando de acercarse, pero los seguidores de Jesús se lo impedían en vez de facilitarlo. Si prestamos atención a la reacción de los discípulos, aprenderemos una lección acerca de lo que no debemos hacer. Pero para cualquiera que esté en la etapa de niñez espiritual, la lección es que Jesús te ama inmensamente, y siempre te invita a acercarte a Él. Teniendo este fundamento, estamos preparados para una de las lecciones más transformadoras que un seguidor de Cristo pueda aprender: la lección de la obediencia.

Ropas nuevas

Si estás aprendiendo acerca del valor de tu propia vida y de tomar la iniciativa para compartirla en maneras que otros puedan experimentarla, puede que seas un niño espiritual. Por supuesto que los niños espirituales todavía necesitan alimento, pero ahora han aprendido a alimentarse por sí mismos. Todavía necesitan ser vestidos, pero ahora están aprendiendo a vestirse por sí mismos. Crecer en la iniciativa de hacer las cosas por nosotros mismos es lo que la Biblia llama obediencia. Eso se da cuando nosotros, por el poder de Dios, alineamos nuestras decisiones y nuestro comportamiento con el plan de Dios.

Crecer en la iniciativa de hacer las cosas por nosotros mismos es lo que la Biblia llama obediencia. Eso se da cuando nosotros, por el poder de Dios, alineamos nuestras decisiones y nuestro comportamiento con el plan de Dios.

Pablo usa esa ilustración cuando escribe acerca de "vestirnos de Cristo". De hecho, creo que se está dirigiendo a los niños espirituales con respecto a dar el próximo paso en sus caminos cuando escribe: "Antes bien, vístanse del Señor Jesucristo, y no piensen en proveer para las lujurias de la carne" (Romanos 13:14 NBLA). Él ilustra la vida transformada que Cristo ofrece, comparándola con quitarse las ropas viejas, sucias y apestosas, lavarlas, y ponerse un atuendo limpio y nuevo. En otra carta, añade: "Con respecto a la vida que antes llevaban, se les enseñó que debían quitarse el ropaje de la vieja naturaleza, la cual está corrompida por los deseos engañosos; ser renovados en la actitud de su mente; y ponerse el ropaje de la nueva naturaleza, creada a imagen de Dios, en verdadera justicia y santidad" (Efesios 4:22-24). El "ropaje" representa una nueva manera de pensar, creer y vivir (véase Efesios 4:25-32). La cuestión es que, como nuevo hijo de Dios, tienes la responsabilidad de elegir con qué ropas te vistes.

Muchos de los cambios que debemos hacer entre la niñez espiritual y la madurez plena son evidentes. Es probable que ya seamos conscientes de cualquier amargura, ira, enojo y calumnias, y sabemos que debemos eliminar esas reacciones dañinas. Al crecer, estamos más en sintonía con el corazón de Dios y somos más conscientes de la manera en que lo disgustamos. Antes ni siquiera lo notábamos, pero ahora lo sentimos y nos acercamos a Dios con más facilidad para experimentar el perdón que Cristo ya nos dio en la cruz.

La niñez espiritual nos ofrece un nuevo nivel de percepción. Cuando nuestros corazones son sensibles y están listos para absorber las maravillas del reino de Dios, podemos aprender más que las cosas que solo podemos ver y determinar por nosotros mismos. Dios revela aplicaciones de la verdad más profundas y específicas. Mateo registra esta oración de Jesús: "Te alabo, Padre, Señor del cielo y de la tierra, porque habiendo escondido estas cosas de los sabios e instruidos, se las has revelado a los que son como niños. Sí, Padre, porque esa fue tu buena voluntad" (Mateo 11:25-26).

¿Cómo pueden los niños saber más que los "sabios e instruidos"? No es cuestión de conocimiento, sino de comprensión. Jesús les enseñaba a miles cuando estuvo en la tierra. Sanó a muchos de ellos. Pasó tiempo con todo tipo de personas: leprosos, prostitutas, recaudadores de impuestos, centuriones romanos, escribas cultos, saduceos y fariseos, y hasta con los líderes nacionales de rango más alto durante Su juicio. Pero cuando Jesús les preguntó a sus discípulos quién creía la gente que Él era, nadie estaba seguro. ¿Una reencarnación de Juan el Bautista? ¿Elías? ¿Jeremías? ¿Algún otro profeta?

> Entonces Jesús les preguntó directamente: "Y ustedes, ¿quién dicen que soy yo?"
>
> Pedro respondió por el grupo: "Tú eres el Cristo, el Hijo del Dios viviente".
>
> Jesús le dijo: "Dichoso tú, Simón, hijo de Jonás, porque eso no te lo reveló ningún mortal, sino mi Padre que está en el cielo". (Mateo 16:13-17)

Multitudes escucharon las mismas enseñanzas que los discípulos y vieron los mismos milagros, pero solo unos pocos estaban afinados espiritualmente para recibir la revelación de Dios de que Jesús de veras era el Mesías que todos estaban esperando. Cuando Jesús murió después de los tres años y medio de ministerio público, el número de "creyentes" era solo 120 (Hechos 1:15), aunque con la venida y llenura del Espíritu Santo la iglesia comenzó a crecer con rapidez. Sin embargo, si los creyentes pierden su fe de niños, pueden todavía ser "miopes y ciegos" a las cosas de Dios (2 Pedro 1:5-9). Por eso, Jesús seguía paradójicamente diciéndoles a los adultos: "Deben ser más como niños".

Como niños, debemos continuar aprendiendo, más allá de nuestra etapa espiritual. En unos capítulos, veremos que los que están en la etapa de niño no son los únicos que crecen en la vida familiar. Los padres también crecen al mismo tiempo que los niños, pero en distintos niveles. La vida familiar es una incubadora para el desarrollo del liderazgo que ayuda a que todos mejoren a la hora de ser líderes de su propia vida.

Quizá hayas visto estos cinco pasos para el desarrollo del liderazgo:

Primer paso: Yo hago, tú observas. Hablamos.

Segundo paso: Yo hago, tú ayudas. Hablamos.

Tercer paso: Tú haces, yo ayudo. Hablamos.

Cuarto paso: Tú haces, yo observo. Hablamos.

Quinto paso: Tú haces, otra persona observa. Ambos hablan.

Éste es un modelo que los padres pueden seguir para ayudar a los niños a ser buenos líderes de su propia vida. También es un proceso que los mentores espirituales pueden usar para ayudar a los discípulos a crecer. En otras palabras, es la manera en que podemos ayudar a los niños a *hacer brillar su lucecita, y que lo hagan por sí mismos.*

Las cosas básicas

Como siempre, los paralelos entre la vida biológica y la espiritual son muy similares. Los que cuidan niños y observan los factores necesarios para que crezcan pueden hacer una lista de muchas cosas indispensables, pero el artículo: "Lo que todo niño necesita para tener buena salud mental" reduce la lista. Para fomentar la confianza, el autor recomienda lo siguiente:

Elógialos

Alentar a los niños en sus primeros pasos o en su habilidad para aprender un juego nuevo los ayuda a desarrollar el deseo de explorar y aprender acerca del ambiente que los rodea. Deja que los niños exploren y jueguen en un área segura donde no puedan lastimarse. Ofréceles seguridad sonriéndoles y hablándoles a menudo. Sé un participante activo en sus actividades. Tu atención los ayuda a desarrollar la confianza y autoestima.

Establece objetivos realistas

Niños pequeños necesitan objetivos alcanzables que igualen sus ambiciones con sus habilidades. Con tu ayuda, los niños mayores pueden escoger actividades que pongan a prueba sus habilidades y aumenten su confianza.

Sé honesto

No escondas tus fracasos de tus hijos. Es importante que sepan que todos cometemos errores. Puede resultarles muy reconfortante saber que los adultos no son perfectos.

Evita los comentarios sarcásticos

Si un niño pierde un juego o no aprueba un examen, averigua cómo se siente acerca de la situación. Los niños pueden sentirse desalentados y necesitar una charla alentadora. Más tarde, cuando estén listos, háblales y bríndales seguridad.

Sé un motivador

Ayuda a los niños no solo a esforzarse para que den lo mejor de sí, sino también a disfrutar el proceso. Probar nuevas actividades les enseña acerca del trabajo en equipo, de la autoestima y de nuevas habilidades.[13]

Si tú estás en esta etapa a nivel espiritual , ¿te encuentras en esta clase de ambiente? Si tienes a tu cargo a alguien en esta etapa, ¿estás dándole ese tipo de aporte?

Unas palabras de advertencia

Hemos visto que los niños son aprendices entusiastas y a menudo quieren hacer las cosas por sí mismos. La niñez espiritual es un período para absorber y aplicar más de la verdad de Dios a la vida diaria; pero ese entusiasmo a veces puede conducir a resultados prematuros o errados.

Por ejemplo, consideremos de nuevo el desafío de Jesús en Mateo 5, "Hagan brillar su luz delante de todos, para que ellos puedan ver las buenas obras de ustedes y alaben al Padre que está en el cielo" (Mateo 5:14-16). Para los oídos espirituales en desarrollo, puede sonar como que obtenemos la aprobación de Dios a través de las buenas obras, pero nada puede estar más lejos de la verdad.

Una lección importante de ser hijo de Dios es que nos convertimos en hijos de Dios por gracia a través de la fe, y no por obras. No nos ganamos el perdón ni la salvación de Dios al cumplir reglas o hacer lo correcto. Las buenas obras no obtienen el favor de Dios. Entonces, ¿cuál es nuestra motivación para obedecer? Es ésta: hacemos lo justo porque la luz de Dios ya brilla desde nuestro interior hacia afuera, y obedecemos por gratitud por causa del amor de Dios y no para obtenerlo. Los creyentes en la etapa de la niñez espiritual necesitan aprender esta distinción, y los creyentes maduros deben señalarles estas grandes verdades de la Escritura, y confirmarlas:

- "Por gracia ustedes han sido salvados mediante la fe; esto no procede de ustedes, sino que es el regalo de Dios, no por obras, para que nadie se jacte" (Efesios 2:8-9).

- "Cuando se manifestaron la bondad y el amor de Dios nuestro Salvador, él nos salvó, no por nuestras propias obras de justicia, sino por su misericordia. Nos salvó mediante el lavamiento de la regeneración y de la renovación por el Espíritu Santo, el cual fue derramado abundantemente sobre nosotros por medio de Jesucristo nuestro Salvador" (Tito 3:4-6).

- "Dios nos salvó y nos llamó a una vida santa, no por nuestras propias obras, sino por su propia determinación y gracia" (2 Timoteo 1:9).

Por supuesto que los niños curiosos quieren hacer más preguntas. En este caso, se preguntarán por qué, si esas obras no impresionan a Dios, en algunos lugares de la Biblia se les da tanto énfasis. Ése es el momento de darle seguimiento al pasaje en Efesios 2:8-9 con el versículo 10: "Porque somos hechura de Dios, creados en Cristo Jesús para buenas obras, las cuales Dios dispuso de antemano a fin de que las pongamos en práctica".

> **Las obras de Dios son parte del tren de la salvación, pero son los vagones y el furgón de cola, ¡no la locomotora!**

Las obras de Dios son parte del tren de la salvación, pero son los vagones y el furgón de cola, ¡no la locomotora! Eso es lo que aprendemos durante la etapa de la niñez espiritual. Aun los niños espirituales pueden entender que si Dios nos diera la salvación y otras bendiciones solo en base a lo que hacemos por Él, la vida cristiana sería una larga y continua competencia para ganarnos su favor. En ese caso, nunca llegaremos a ser "un cuerpo" como Él desea mientras luchamos para ser más santos que los que nos rodean y hacemos lobby para ser los favoritos de Dios. ¡Cuanto mejor es hacer buenas obras porque tenemos un Padre bueno y generoso cuya vida está dentro de nosotros! Recuerda: la obediencia consiste en alinear mis decisiones y mi comportamiento con el plan de Dios mediante Su poder.

Otro pasaje que tiende a confundir a muchos de los creyentes más chicos es Filipenses 2:12-13: "Por tanto, amados míos, como siempre habéis obedecido...ocupaos en vuestra salvación con temor y temblor, porque Dios es el que en vosotros produce así el querer como el hacer, por su buena voluntad" (Filipenses 2:12-13 RVR1960). ¿No te da miedo eso? Puede sonar amenazador a los niños espirituales oír cosas como "ocúpense...", "obedezcan...", "temor y temblor".

¡Pero espera! Asegurémonos otra vez de considerar todo el contexto para poder aclararlo a los lectores de la Biblia menos maduros. No solo leas la primera mitad y te detengas ahí. Termina con la idea: *Dios está obrando en ti y se manifiesta para inspirarte y darte poder para obedecerlo.* Este pasaje no dice que debes trabajar para lograr la salvación. Hay una gran diferencia entre *ocuparte en* tu salvación y *ocuparte para* conseguirla.

Los creyentes ya tienen la salvación por el poder y la gracia de Dios. *Ocuparte en* significa que ya la tienes, que ya está en ti. Ahora Dios está obrando en ti, transformándote, haciéndote crecer según Su propósito, y tú te concentras en ese proceso. Piensa por un momento. ¿Puedes imaginarte a nuestro Dios todopoderoso e infinito obrando en ti? El temor sano de Dios viene cuando tratamos de comprender semejante realidad. Es suficiente para hacer temblar incluso al creyente más maduro. Pero, ¿qué significa?

No es raro ver que las fuentes de energía tengan carteles con letras negras y grandes que digan: ALTO VOLTAJE. Cuando nos acercamos a algo tan poderoso, debemos prestar atención. La fuente de poder no es mala en absoluto, pero es tan impresionante que necesitamos notarla. Eso es lo que Pablo está haciendo aquí. Nos dice: "¡Cuidado! Nunca perdamos el respeto por el maravilloso poder de Dios en nuestras vidas y a través de ellas". Dios obra en nosotros y nosotros llevamos a cabo Su obra viviendo en obediencia a Él y a Su propósito. Las buenas obras son el resultado natural de una relación de confianza con Dios... pero nunca el origen.

Me gusta cómo Corrie ten Boom define la responsabilidad: "Lo que cuenta no es mi habilidad, sino mi respuesta a la habilidad de Dios". Eso es lo que aprendemos cuando, como hijos de Dios, lo obedecemos.

Síntesis

Durante la niñez espiritual, Jesús te enseña a oír su voz. Una vez, les dijo a algunos de sus críticos que se resistían a su enseñanza: "Mis ovejas oyen mi voz; yo las conozco y ellas me siguen" (Juan 10:27). Eso es obediencia. Para quienes quieran oír y seguir a Jesús, el Espíritu de Dios nos ayuda a hacer esa conexión. Quizás hayas oído a alguien hablar de "la inspiración de Dios", o del "silbo apacible". Bueno, durante la niñez espiritual, comienzas a aprender a reconocer la voz de Dios.

Quizás hayas oído hablar de un susurrador de caballos. Es alguien con un don especial para comunicarse con el animal para hacerlo más receptivo y calmarlo cuando siente miedo. Bueno, Dios es un susurrador de niños... de niños espirituales. Su Espíritu (la Palabra viva) nos habla por medio de la Biblia (Su Palabra escrita) para moldearnos y hacernos más como Jesús (la Palabra encarnada). En otras palabras, Jesús, por medio de Su Espíritu y Su Escritura, llama a sus hijos espirituales a ser obedientes.

El camino a una niñez espiritual feliz es aprender la obediencia. Un himno antiguo nos recuerda: "Obedecer, y confiar en Jesús, es la senda marcada para andar en la luz". Pero la obediencia cristiana no significa que Dios aplica la ley con rigor y te fuerza a que hagas algo que no quieres hacer. No, no, no. Cuando empiezas a ver cómo tu vida es transformada por el Espíritu de Dios obrando en ti, te da gusto cumplir con cualquier cosa que Él te pida.

Piénsalo de esta manera: Tu fe es como la llave de un automóvil, y Dios es el motor. La obediencia es la vuelta de llave que hace arrancar el motor y pone en movimiento el coche mientras Dios obra debajo del capó en tu vida diaria. La obediencia desata el poder de Dios que ya está obrando dentro de ti. Y, ¿qué hace el poder de Dios? Recuerda el comentario de Pablo a los filipenses: "Dios es el que en vosotros produce así el querer como el hacer, por su buena voluntad" (Filipenses 2:12-13 RVR1960).

En otras palabras, Dios obra primero en ti para crear el deseo de obedecer. Si eres como yo y casi todo el mundo que conozco, notarás que te resistes al liderazgo de Dios en algunos momentos de tu vida. ¿Qué puedes hacer cuando no estás dispuesto? He aquí una maravillosa oración que he aprendido a orar: "Señor, no estoy realmente dispuesto pero quiero intentar estarlo". ¡Es una oración honesta y poderosa! El Espíritu Santo despierta el deseo de estar más dispuestos a buscar el propósito y la presencia de Dios. Ése eres tú, como un astronauta espiritual, diciéndole al centro de control que estás abierto y que eres receptivo a las correcciones de rumbo sugeridas.

Dios obra en nosotros primero para "estar dispuestos" —nos ayuda a *querer* hacer lo que Él nos instruye— y luego nos ayuda a "actuar". Eso significa que te da el poder para obedecer, para dar vuelta la llave que pone en movimiento el motor según Su buen propósito.

Mi experiencia

Recuerdo bien los pasos de obediencia específicos que Dios me llevó a dar durante mi niñez espiritual. No diré mucho acerca de cada uno, pero quiero mostrarte que para mí fue un período de cambio significativo, de compromiso y de crecimiento personal.

Un compromiso con la Escritura

Jesús prometió que si buscamos primero el reino de Dios, todo lo demás que necesitamos viene por añadidura (Mateo 6:33). Buscamos el reino de Dios aprendiendo Su Palabra para descubrir Su voluntad, y sentí que Dios me decía: "Comienza tu día conmigo, Bill. Comienza tu día en Mi Palabra". Como niño espiritual, aprendí a alimentarme de la Escritura. Así como conozco mi cocina y a dónde ir cuando tengo hambre, aprendí adónde ir en la Biblia para encontrar alimento para mi alma. Mientras más leía la Escritura, con más claridad oía la dirección de Dios respecto de los siguientes pasos a dar.

El bautismo

Uno de mis primeros pasos de fe fue bautizarme, como declaración de que "ahora Cristo vive en mí y sigo sus pasos". En mi camino espiritual, he sido un recién nacido, un bebé y luego un niño pequeño, pero en la etapa de niño espiritual, di el paso de obediencia de seguir a Jesús en el bautismo.

El diezmo

Luego, sentí que Dios me decía: "Bill, confía en mí y dame tu diezmo. Dame los primeros diez centavos de cada dólar. ¿Por qué? Porque donde está tu tesoro, allí estará tu corazón. Tu corazón estará más lleno de mi presencia cuando me confíes tus tesoros. Da y recibirás "una medida llena, apretada, sacudida y desbordante" (véase Mateo 6:21 y Lucas 6:38).

Buscar el perdón

Yo sabía que Dios quería que pidiera perdón y reparara el daño que había causado. Me acerqué a las personas que ofendí, les pedí disculpas, y les pregunté cómo podía arreglar las cosas. Fue una lección en humildad, pero algo necesario. Aquellas acciones sanaron heridas y disiparon el enojo y el temor, para que las relaciones pudieran crecer, y descubrí que Dios fue fiel a medida que lo obedecía. (Véase Lucas 19:1-10 para ver la historia que el Señor usó para guiarme a esta obra de sanidad).

Cuidar mis palabras

La Biblia dice: "Que su conversación sea siempre con gracia, sazonada como con sal, para que sepan cómo deben responder a cada persona" (Colosenses 4:6 NBLA). En aquel tiempo, mi lenguaje era un poco salado... ¡pero no según el sentido bíblico! Siguiendo el mandato de Dios, dejé de usar profanidades y comencé a usar palabras llenas de gracia para expresarme (Efesios 4:29).

Respetar mi cuerpo

Es maravilloso cuando descubrimos que nuestro cuerpo es el templo del Espíritu Santo y que ahora le pertenecemos a Dios (1 Corintios 6:19-20). Dios me mostró que el crecimiento espiritual requiere también compromisos físicos. Me dijo que lo honrara con mi cuerpo: no te emborraches, no consumas drogas, y trata a las mujeres con respeto y sin desearlas con lujuria. En lugar de eso, debía ser lleno del Espíritu Santo (Efesios 5:18).

Compartir con otros la buena noticia

Cuando comencé a ver cambios positivos en mi vida, Dios dijo: "Quiero que compartas tu historia, que cuentes a otros mis buenas nuevas para que me conozcan también".

¿Sabes lo que estaba haciendo Dios en todas estas áreas? Me estaba enseñando a obedecer... a escucharlo y seguirlo... cómo encender la fe por medio de la obediencia para poder tener acceso a Su poder y seguir creciendo para llegar a ser más como Él. Recuerda: obedecer es alinear mis decisiones y mi comportamiento con el plan de Dios por medio de Su poder.

¿Cuál es tu experiencia?

Jesús prometió a sus seguidores: "Los que aceptan mis mandamientos y los obedecen son los que me aman. Y, porque me aman a mí, mi Padre los amará a ellos. Y yo los amaré y me daré a conocer a cada uno de ellos" (Juan 14:21 NTV). Es mucho amor en pocas palabras, ¿verdad? Y Jesús está hablando del nivel más alto de amor, *ágape*, que es la calidad de amor de Dios. ¿Quieres más del amor *ágape* de Dios en tu experiencia? Jesús dice que se encuentra en el mismo acto de obediencia. Y, como bono adicional, promete manifestarse a los que le obedecen. ¡Ésa sí que es una promesa agradable!

La obediencia es el canal que Dios usa para hacernos crecer en Su amor y mostrarnos más cómo es Él. La obediencia amplía nuestra capacidad para conocerlo mejor. Esto lo he aprendido personalmente, pero te aseguro que no soy especial. Dios no me trató de esta manera por ser excepcional y extraordinario. Ésta es la manera en que Él quiere que crezca cada uno de sus hijos.

Otra palabra de sabiduría que aprendí durante mi niñez espiritual: no confundas la llenura del Espíritu Santo con una emoción. Las emociones pueden acompañar la llenura del Espíritu en una vida de obediencia, pero si no sientes esa efervescencia o espiritualidad, no significa necesariamente que Dios no te está llenando de Su poder y Su presencia. Ser feliz en Jesús consiste en una confianza que se traduce en obediencia, más allá de cómo te sientes.

¿Y tú? ¿Has aprendido cómo alimentarte y cómo escuchar la voz de Dios? ¿Te habla el Espíritu (la Palabra viva) por medio de la Biblia (la Palabra escrita) para hacerte más como Jesús (la Palabra encarnada)? Si es así, ¿respondes en obediencia?

La información sin aplicación trae estancamiento. Por eso, muchos se quedan estancados en su niñez espiritual. Adquieren conocimiento, pero son desobedientes. No responden cuando Jesús los invita a actuar en fe; y un hijo desobediente que se queda estancado no es feliz.

Sin embargo, la información más la aplicación trae transformación. Eso es crecimiento espiritual. Entonces, la lección principal que hemos de aprender durante la niñez espiritual es simplemente la obediencia. Si quieres continuar creciendo y progresando en tu viaje espiritual, la obediencia es el único camino.

Haz brillar tu luz, tomando la iniciativa para que otros puedan ver tus buenas obras y también experimenten a Dios como su buen, buen Padre. ¿Esconder la luz debajo de un almud? ¡No! ¡Tienes que hacerla brillar!

ETAPA	LECCIÓN
Los padrinos	
Los abuelos	
Los padres	
El adulto	
El adolescente	
El preadolescente	
El niño	Pon el conocimiento en acción. Obedece a Dios con una fe activa.
El niño pequeño	Aprende a caminar en fe y habla con Dios a través de la oración mientras creces con Dios y otros en comunidad.
El bebé	Recibe el cuidado y la atención de tu amoroso Padre celestial y de otros "padres" espirituales que quieren ayudarte a crecer.
El recién nacido	Nace de nuevo y recibe la nueva vida maravillosa que Dios te da.

LAS PÁGINAS DE LA AVENTURA

El plan de vuelo del piloto

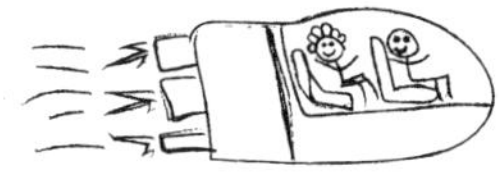

1. ¿Cuáles son algunas de tus canciones preferidas (cristianas o no) de la niñez? ¿Cómo han influenciado tu vida?

2. ¿Cómo se comparan las interacciones de Jesús con los niñitos acerca de los cuales leíste con la forma en que fuiste tratado de niño? Explica tu respuesta.

3. Desde que eres creyente, ¿hasta qué punto crees que te has "vestido de Cristo"? ¿Qué has hecho hasta ahora para vestirte solo y qué necesitas hacer todavía?

4. Si un joven te pidiera que le explicaras la conexión entre la salvación y las buenas obras, ¿cómo lo harías?

   ¿Cómo explicarías el mandato de "ocúpense en su salvación con temor y temblor"?

5. ¿Has estado estancado alguna vez sin poder seguir creciendo espiritualmente porque no obedeciste algo que Dios te había mandado a hacer? ¿Cuál era el problema?

   ¿Te sientes estancado ahora? Si es así, ¿qué necesitas hacer para continuar con tu transformación espiritual?

Correcciones de rumbo

Si solo haces una cosa, haz la siguiente: Es posible que, mientras leías este capítulo, el Espíritu Santo te haya traído a la mente por lo menos una cosa en la que quiere que lo obedezcas. Si hay más de una, elige una, determina cómo obedecerás, y luego hazlo. No esperes. ¡Hazlo!

El diario del comandante de vuelo

Si estás ayudando a crecer a un niño espiritual, te sugiero lo siguiente:

- En esta etapa, la gente suele estar muy ansiosa por complacer a Dios. Ayuda a la persona a ver cómo Dios la está guiando a obedecer.
- Ofrece maneras fáciles para que la persona pueda orar, dar y servir.
- Asegúrate de comunicarle a la persona que la desobediencia no debe tomarse a la ligera, pero que Dios la ama, perdona, restaura y reorienta.

QUINTA ETAPA

TAL VEZ SEAS UN PREADOLESCENTE ESPIRITUAL SI...

EL PREADOLESCENTE

"El mayor descubrimiento es encontrar la voluntad de Dios. El mayor logro es hacerla".

—George Washington Truett

Walter Abercrombie fue un corredor brillante del equipo de fútbol ameri-cano Bears de la Universidad de Baylor en Waco, Texas. Cuando se graduó, fue el primer jugador seleccionado por el equipo de Pittsburgh Steelers, donde jugó por años en capacidad de profesional. Un amigo mío que también se graduó de Baylor, me envió un artículo que Abercrombie había escrito titulado: "¡Es bueno!". Ésta es la historia que contó:

Un poderoso rey africano tenía un amigo íntimo con quien había crecido y que todos conocían como alguien con una actitud muy positiva. No importaba cual fuera la situación, buena o mala, el amigo siempre veía el lado positivo y decía: "Es bueno, es bueno". Un día, los dos salieron a cazar. El amigo cargó las escopetas y se las dio al rey para que disparara. Cuando el rey apretó el gatillo, una de las escopetas falló y le voló el dedo pulgar. El amigo, con su estilo característico, dijo: "Oh, mi rey, ¡es bueno!". El rey, enojado, gritó: "¡No! *¡No es* bueno!". En su ira, el rey hizo que arrestaran a su amigo y lo echaran en el calabozo.

Un año más tarde, el rey estaba recorriendo una región desértica no colonizada de África, y fue capturado por una tribu de caníbales. Lo ataron a una estaca y lo rodearon con madera, preparándolo para convertirlo en comida. Pero antes de prender fuego la madera, uno de ellos notó que le faltaba el dedo pulgar. Era una tribu supersticiosa y nunca habían comido a alguien que no tuviera todos sus miembros. Gracias al pulgar faltante, el jefe caníbal lo dejó en libertad.

Al regresar a su casa, el rey de inmediato fue al calabozo donde había echado a su amigo. Hizo que lo soltaran y dijo: "Tenías razón. Fue bueno haber perdido el dedo pulgar". Le contó a su amigo la aventura con los caníbales y cuánto sentía haberlo encarcelado. Entonces el rey dijo: "Estuvo mal de mi parte hacerte esto, mi amigo". Pero su amigo no estaba de acuerdo: "No, mi rey, ¡es bueno!".

El rey, confundido, protestó: "¿Qué estás diciendo? ¿Qué puede tener de bueno vivir un año en un calabozo?".

Su amigo respondió: "Si no me hubieras enviado a la cárcel, yo hubiera estado contigo... y me hubieran comido a mí porque yo tengo todos los dedos. Así que, mi rey, ¡es bueno!".[14]

Buena historia, ¿no? Walter dijo que la primera vez que la contó había sido años antes, cuando hablaba con alguien acerca de la importancia de mantenernos firmes en la fe en medio de los problemas. Y estos son tiempos preocupantes, ¿no es así? La fe nos ayuda a atravesar las situaciones difíciles y circunstancias inquietantes. Aun cuando el panorama no es bueno, nunca debemos dejar de creer que, en todo, Dios dispone todas las cosas para el bien de quienes lo aman (Romanos 8:28).

Quise que oyeras esta historia pero, más aun, que supieras *por qué* Walter la escribió. En el artículo dijo que hacía tanto que no la contaba que ya se la había olvidado. Pero un día su hijo de 23 años se la recordó. Walter se la contó cuando su hijo estaba en sus años últimos años de preadolescencia, durante ese período de transición de la adolescencia temprana, entre los ocho y catorce años. El significado de la historia quedó grabado en la mente del muchacho, solo para cobrar importancia años después, cuando le recordó a su padre esa verdad.

Viene un cambio

Todo el que tenga un hijo de esa edad sabe que no se puede tratar a los preadolescentes igual que cuando eran más chicos. Han alcanzado un nuevo nivel en su desarrollo, con diferentes potenciales a considerar y diferentes necesidades para cubrir: la necesidad de tener una identidad (¿quién soy?), la necesidad de integrarse a una comunidad (¿a dónde pertenezco, dónde encajo?), y la necesidad de tener un propósito y sentido en la vida (¿por qué estoy aquí? ¿Cuál es mi destino?). Se desarrolla un nuevo nivel de capacidad cognitiva a medida que se les abre la mente, se vuelve receptiva, y son capaces de entender más que las verdades simples y directas. Se sienten atraídos a una historia como la de Walter Abercrombie, quien explica por qué no siempre es una tragedia perder un dedo o pasar tiempo en la cárcel sin una razón válida. Es probable que ése sea el motivo por el cual la historia le quedó grabada a su hijo.

¿Quién soy?
¿A dónde pertenezco?
¿Dónde encajo?
¿Por qué estoy aquí?
¿Cuál es mi destino?

Y después, en esa edad, los chicos tienen que lidiar con la pubertad. ¡Hablando de problemas de identidad! La gran pregunta es: "¿Qué le sucede a mi cuerpo?". Acontece una transformación física del todo nueva. (Como también una trasformación emocional, pero los cambios físicos a menudo exigen que se les dé primero toda nuestra atención).

Por lo general, las niñas alcanzan la pubertad antes que los varones, alrededor de los nueve o diez años y dura unos cuatro o cinco años. La primera señal suele ser el desarrollo de los senos. Se ensanchan las caderas y el cuerpo se curva más. Uno de los últimos cambios es la menstruación.

Los varones tardan más en comenzar la pubertad, típicamente a los 12 años, siendo las primeras señales el crecimiento de los testículos y el escroto. Los varones también atraviesan unos cuatro años de transformación física; los músculos crecen, el vello facial empieza a salir y la voz se hace más profunda.

Tanto los chicos como las chicas pueden esperar períodos de crecimiento acelerado, entre cinco y ocho centímetros al año durante varios años, y este crecimiento rápido puede incomodarlos y hacerlos algo torpes. Por un tiempo, muchos sufren de acné. Comienzan a ver crecimiento de vellos en nuevos lugares. Sudan más, y el mal olor puede convertirse en un problema (para algunos, ¡un gran problema!).

La buena noticia es que después de cualquier miseria que la pubertad pueda causar a los individuos (y a sus padres), cuando se termina, básicamente son adultos a nivel fisiológico. No crecerán mucho más, y tienen la capacidad de reproducirse a nivel sexual (lo cual causa todo un nuevo nivel de preocupación para los padres).

Tan desafiantes como son en primer lugar estos cambios físicos extremos, los cambios hormonales también dan comienzo a muchos cambios emocionales para la mayor parte de los preadolescentes y sus familias. Una de las mayores frustraciones para un chico que está pasando por la pubertad es que la velocidad de cambio —tanto física como emocional— varía ampliamente de persona en persona. Es natural que los chicos se comparen entre ellos. Puede que aquellos que se desarrollan primero se sientan muy cohibidos, como también los que más tardan en desarrollarse.

Pasar los años de la preadolescencia

Los padres deben ser muy pacientes y comprensivos acerca de los cambios de humor y otros desafíos emocionales durante este período. Aquí te doy unas sugerencias para que ayudes a tu hijo o hija a través de esta etapa de la preadolescencia.

Espera turbulencia emocional

Los años de la preadolescencia y adolescencia pueden ser cambiantes, llenos de drama emocional. Las emociones a veces son intensas e impredecibles. La pubertad inicia cambios de humor (a veces extremos) y emociones fuertes, incluyendo la aparición de pensamientos e impulsos sexuales. Tu hijo puede sentirse eufórico en un momento y totalmente desalentado en el próximo.

Adapta tu disciplina

La disciplina llega a ser más desafiante. Hasta ahora, un padre podía resolver la mayoría de los problemas y las disputas con su hijo simplemente diciendo: "¡Porque yo soy tu madre [o padre]", o, "¡Porque lo digo yo!". Pero en seguida los padres descubren que esta respuesta ya no funciona. Ésta es la etapa cuando los "años maravillosos" se convierten en "los años cuando me pregunto qué pasó".

Da comienzo a las conversaciones delicadas

Es ya bastante difícil para un chico enfrentarse a los cambios físicos, y ni hablar mencionárselos a mamá y papá. Los padres observadores sacan los temas delicados antes de que el muchacho vaya a buscarlos a otra parte. Comienza con lo básico: "No puedo creer con cuánta rapidez estás creciendo. ¿Te gustaría que te enseñe a afeitarte?". "Cuando estés lista, salgamos a almorzar juntas—mamá e hija— y luego vamos a escoger un sostén". Lidia con los asuntos de higiene y otros que puedan presentarse. Si tus hijos ven que estás dispuesto a hablar acerca de cosas así, es más probable que acepten tu consejo cuando surjan otros asuntos más pesados...como las relaciones sexuales. (En el próximo capítulo, hablaremos más acerca de esta conversación)

Mantente cerca, aun cuando los estás soltando

Puede ser frustrante dedicar muchos años a criar a un buen hijo o a una buena hija, solo para verlo a esta edad apegarse a nuevas amistades y ya no necesitar más de los padres. De pronto, los amigos son más importantes que comer o respirar. No hay que tomárselo como algo personal; el chico está tratando de establecer su propia identidad, que incluye probar cosas nuevas y poner los límites a prueba. Los consejeros dicen que en la preadolescencia deben anticiparse comportamientos que incluyen que los hermanos se peleen (mientras ellos tratan de resolver sus diferencias de opinión e identificar sus posesiones), que los amigos tengan más influencia (porque quieren ser aceptados y valorados), y que se arriesguen más (ya sea haciendo nuevos trucos en la patineta o aventurándose a comportamientos "prohibidos" como fumar, beber alcohol y usar drogas). El desafío está en darles suficiente espacio para crecer mientras nos aseguramos de que no formen malas amistades o que hagan algo que no deban hacer. (Para la mayoría de los padres, es como andar por la cuerda floja.)

Recuerda que la influencia de las redes sociales es más fuerte de lo que piensas

Con la preponderancia de los teléfonos inteligentes, es difícil para los padres vigilar el uso del Internet. Aun cuando tu hijo no tenga uno, sus amigos lo tienen. Los preadolescentes no solo tienen acceso inmediato a la información (o a la información errónea) de los cigarrillos electrónicos, las drogas, el alcohol, el comportamiento sexual y otras tentaciones, sino que también muchos están sujetos a la intimidación cibernética, a las amenazas en línea, y a la humillación pública. Por un lado, los padres no deben reaccionar de forma exagerada a los cambios de estado de ánimo de su preadolescente pero, por otro lado, deben mantenerse alertas a las señales de advertencia de problemas serios en la vida de sus hijos.

Los peligros que corren los preadolescentes espirituales

Puede ser doloroso recordar lo que era ser un preadolescente biológico, aunque es útil desenterrar esos recuerdos cuando llega el momento de consolar a un hijo que atraviesa los mismos traumas… y ser un preadolescente espiritual no es más fácil.

De hecho, pienso que toda la carta de 1 Corintios fue escrita a una iglesia llena de preadolescentes espirituales. Esta iglesia no estaba *creciendo* en Cristo, ellos estaban *experimentando una regresión*. Pablo comienza señalando su actitud subyacente de celos y mundanalidad, y a medida que continúa, les detalla muchos otros problemas específicos. Me parece que toda la carta aborda la adolescencia espiritual. Apenas termina con el saludo inicial de esta larga carta, Pablo empieza a lidiar con los problemas de la comunidad. Ha recibido noticias de que los miembros de la iglesia en Corinto estaban eligiendo bandos y discutiendo acerca de qué líder cristiano era más digno de su apoyo, y de inmediato se propone convencerlos para que resuelvan sus diferencias:

> Les suplico, hermanos, en el nombre de nuestro Señor Jesucristo, que todos vivan en armonía y que no haya divisiones entre ustedes, sino que se mantengan unidos en un mismo pensar y en un mismo propósito... me refiero a que unos dicen: "Yo sigo a Pablo"; otros afirman: "Yo, a Apolos"; otros: "Yo, a Cefas"; y otros: "Yo, a Cristo". (1 Corintios 1:10,12)

Eso significa que había por lo menos cuatro grupos que estaban compitiendo, comparándose y peleándose en la iglesia. Tal vez había más. Como pastor, lo entiendo. Todos tenían sus motivos para creer que tenían razón. Dado que Pablo había fundado la iglesia, era natural que tuviera seguidores. Apolos era un poderoso predicador, probablemente alguien a quien era fascinante escuchar. Pero luego estaba Cefas (otro nombre para Simón Pedro), que había pasado tres años con Jesús, y ninguno de los demás podía decir eso. Y, por supuesto, estaba el subgrupo súper espiritual (una marca distintiva de muchas iglesias) que se jactaba de "seguir a Cristo", definitivamente superior a todos los demás. Pero a pesar de la lealtad y las buenas intenciones de estos grupos, se equivocaban al dejar que sus preferencias personales destruyeran la unidad de la iglesia.

Pablo no había terminado con ellos. Poco después de su crítica inicial, les dice que cuanto más tarden en llegar a un acuerdo en sus cuestiones de liderazgo, más se verá afectado su progreso espiritual:

> Yo, hermanos, no pude dirigirme a ustedes como a espirituales, sino como a inmaduros, apenas niños en Cristo. Les di leche porque no podían asimilar alimento sólido, ni pueden todavía, pues aún son inmaduros. Mientras haya entre ustedes celos y contiendas, ¿no serán inmaduros? ¿Acaso no se están comportando según criterios meramente humanos? (1 Corintios 3:1-3)

Aquí tenemos una iglesia llena de gente que ha conocido al Señor por bastante tiempo. Han seguido a Jesús lo suficiente para alimentarse por sí mismos. Han crecido al punto de poder comer alimento sólido y desarrollar músculos para el reino. Pero en lugar de eso, se están peleando con sus hermanos y hermanas en Cristo.

Estás actuando como si fuera responsabilidad de otro darte lo que quieres.

Usando esta iglesia en Corinto como ejemplo, pienso que el comportamiento de la preadolescencia *espiritual* es evidente: es tu responsabilidad alimentarte de la Palabra de Dios y practicar las disciplinas espirituales; sin embargo, estás actuando como si fuera responsabilidad de otro darte lo que quieres. O quizá tengas la tendencia de evaluar a los maestros cristianos hasta encontrar tu favorito, y entonces piensas que no necesitas prestar atención a otros. Esa mentalidad es competitiva y divisiva. O en vez de asumir la responsabilidad de tu propio crecimiento espiritual, quizás estás estancado y buscando a quien culpar. Cualquiera de estos problemas pueden surgir durante la etapa de la preadolescencia, y necesitan abordarse, evitarse y superarse para que pueda continuar el desarrollo espiritual.

El potencial de los preadolescentes espirituales

Esta etapa también provee la oportunidad para crecer y aprender de manera formidable. La Biblia contiene muy poca información acerca de la vida de Jesús entre los relatos de su nacimiento y Su ministerio público a la edad de 30 años aproximadamente. Sin embargo, hay una historia que ofrece un pantallazo de Jesús como preadolescente. A los doce años, Jesús también está lidiando con las mismas preguntas que toda la gente joven trata de contestar: ¿Quién soy? ¿A dónde pertenezco? ¿Cuál es mi función aquí? Éste es el relato de Lucas:

> Los padres de Jesús iban todos los años a Jerusalén, a celebrar la fiesta de la Pascua. Cuando el niño cumplió doce años, subieron juntos a la fiesta, como tenían por costumbre. Una vez terminada la fiesta, emprendieron el regreso. Pero el niño Jesús se quedó en Jerusalén sin que sus padres lo advirtieran. Pensando que iría mezclado entre la caravana, hicieron una jornada de camino y al término de ella comenzaron a buscarlo entre los parientes y conocidos. Y como no lo encontraron, regresaron a Jerusalén para seguir buscándolo allí. Por fin, al cabo de tres días, lo encontraron en el Templo, sentado en medio de los doctores, escuchándolos y haciéndoles preguntas. Cuantos lo oían estaban asombrados de su inteligencia y de sus respuestas. Sus padres se quedaron atónitos al verlo; y su madre le dijo:
>
> — Hijo, ¿por qué nos has hecho esto? Tu padre y yo hemos estado muy angustiados buscándote.
>
> Jesús les contestó:
>
> — ¿Y por qué me buscaban? ¿No saben que debo ocuparme de los asuntos de mi Padre?

> Pero ellos no comprendieron lo que les decía.
>
> Después el niño regresó a Nazaret con sus padres y siguió sujeto a ellos. En cuanto a su madre, guardaba todas estas cosas en lo íntimo de su corazón. Y Jesús crecía, y con la edad aumentaban su sabiduría y el favor de que gozaba ante Dios y la gente. (Lucas 2:41-52 (BLPH)

La historia nos presenta a Jesús en la etapa de la pubertad, la adolescencia temprana. Espero que percibas el humor y sientas la humanidad en esta parte de la historia. El doctor Lucas quiere que la oigamos y la experimentemos mientras su evangelio nos muestra a Jesús creciendo en identidad, comunidad, propósito e importancia. Éste es un rito de iniciación dividido en tres partes: celebración, separación y consagración. Es más, aquí hay tres historias simultáneas. El rito de iniciación personal de Jesús está puesto directamente en paralelo a la nación de Israel y Su familia por medio de su madre, María.

Este relato tiene lugar durante la Pascua, el momento decisivo de la *identidad* de Israel, cuando Dios milagrosamente liberó a su pueblo de la esclavitud en Egipto, identificándolo como la *comunidad* de Dios, y llamándolo a cumplir su *destino*, a través del cual Dios se revelaría al mundo. La *celebración* de la Pascua hizo evidente su *separación* de Egipto, efectuada por la sangre del cordero pintada en los marcos de las casas. La Fiesta de los panes sin levadura, inmediatamente después de la Pascua, les recordaba que debían *consagrarse* a Dios. Ellos debían caminar con Dios hacia su futuro, sin demora. No había tiempo que perder. Coman pan sin levadura para no tener que esperar a que la masa leude. En otras palabras, "¡Vengan conmigo, *ahora*!".

La historia de Jesús es paralela a la de Israel. Es durante esta celebración de la Pascua que vemos por primera vez a Jesús ser claramente consciente de su *identidad* como Hijo de Dios. En esta etapa de preadolescencia, lo vemos pasar de simplemente recibir el cuidado de sus padres y su pueblo a un nuevo nivel de *elegir* su propia *comunidad* y encontrar en ella su propia voz. Es una *celebración* de mayoría de edad, pero también una *separación* de sus padres biológicos. María en especial siente la ansiedad de la separación y quiere saber: "¿Por qué te has portado así con nosotros?". Jesús le responde con otra pregunta: "¿Por qué me buscaban? ¿Por qué no sabían dónde estaría?". (Si has criado a un preadolescente, este clásico intercambio de "¿Por qué?" entre padres e hijos indudablemente te resultará muy familiar).

Al escribir este relato, Lucas usa tres palabras que están llenas de emoción:

- *"Estaban asombrados"* significa quedar estupefacto o anonadado.
- *"Se quedaron atónitos"* significa entrar en pánico, al punto de la desesperación.
- *"Hemos estado muy angustiados"* significa un estado de intranquilidad o aflicción.

Esas emociones, ¿no te suenan a la pubertad o adolescencia temprana? A lo mejor sí, pero en este caso, ¡fueron los adultos los que respondieron así! Esto nos lleva a la historia de María.

La *celebración* del rito de iniciación de Jesús también era una *separación*. El niño de María ya no era tan niño. Dice Lucas que ella "atesoraba todas estas cosas en su corazón". "Atesorar" algo significa apartarlo, y también es una definición de la palabra *consagración*. María estaba dando un paso adelante en su *consagración* a Dios. Ella comienza a darse cuenta de que su *destino* ya no está en criar al muchacho, sino en dejar ir al hombre. Intuitivamente pregunta lo que casi todo padre se pregunta: "¿Cómo sigo aferrándome mientras lo dejo ir?"

El destino de Jesús, que corre de forma paralela al de María, también se encuentra en la *consagración*. El Espíritu dentro de Jesús lo impulsa y define Su destino. La pregunta de Jesús: ¿No saben que debo ocuparme de los asuntos de mi Padre?", es mucho más fuerte en el idioma original, que dice literalmente: "Me es *imperativo* estar en los asuntos de mi Padre". Ésa no será la última vez que habla con tal determinación, usando términos que expresan deber. Más adelante dice:

- "Es preciso que anuncie también... las buenas nuevas del reino de Dios" (Lucas 4:43);
- "Zaqueo... tengo que quedarme hoy en tu casa" (Lucas 19:5);
- "El Hijo del hombre tiene que sufrir muchas cosas... que lo maten y que resucite al tercer día" (Lucas 9:22).

Lucas concluye el relato de los años de preadolescencia de Jesús diciendo que Jesús siguió creciendo en sabiduría y estatura, y cada vez más gozaba del favor de Dios y de toda la gente. Esto impulsa a Jesús a la etapa de la adolescencia, de la cual hablaremos en el próximo capítulo, pero la expectativa para los que todavía están en la etapa de la preadolescencia se resume bien en Proverbios 9:6: "Dejen atrás sus caminos de ingenuidad y empiecen a vivir; aprendan a usar el buen juicio" (NTV). Los preadolescentes espirituales están dando pasos de mayor obediencia y adquiriendo claridad de propósito respecto a la misión de Dios para sus vidas.

Lecciones de la adolescencia temprana

¿Estás en el período de crecimiento de preadolescencia espiritual? Si es así, ¿cómo lo sabes? Bueno, estarías haciendo preguntas como "¿Quién soy realmente?" y luego encontrando tu identidad en Cristo. Te preguntarás: "¿A dónde pertenezco?", y luego encuentras una comunidad cristiana que apoya y estimula tu crecimiento espiritual. Preguntas: "¿Qué hago aquí?", y te das cuenta de la necesidad de cumplir tu destino y de llevar a cabo tu misión en la voluntad de Dios.

Como preadolescente espiritual, no has llegado a la adolescencia todavía, pero estás muy cerca. Para seguir avanzando, debes asumir la responsabilidad de hacer la voluntad de Dios con tu vida. Eliges por ti mismo... y al hacerlo, encuentras tu *propia* voz.

Si crees que a lo mejor estás experimentando tu vida de preadolescente espiritual ahora mismo, es probable que preguntes: *"¿Cómo salgo de la niñez espiritual? ¿Cómo avanzo al próximo nivel?"*. La respuesta es fácil: tal como lo has hecho hasta ahora, continúa siguiendo a Cristo y escuchando Su voz. La pregunta más importante para nosotros en este nivel es: "¿Estás escuchando y obedeciendo, dando pasos de fe, como has sido enseñado?"

La lección de la niñez fue la obediencia, ¿recuerdas? Primero aprendiste a oír la voz de Dios y a obedecerla. Luego, la pregunta es: "¿Estás estableciendo relaciones de discipulado en las que sigues interactuando con las verdades de Dios?". En esta etapa, ya no solo recibes la enseñanza, ahora compartes lo que tú piensas con los que están a cargo de tu crecimiento espiritual. Haces muchas preguntas. Descubres las respuestas de Dios y las explicas, y en tus propias palabras expresas lo que crees que Dios quiere que hagas, así como Jesús lo hizo con sus padres en el templo de Jerusalén. Ken Dodson, a quien mencioné antes, fue para mí un padre espiritual durante esta etapa de mi crecimiento. Tuve también otros mentores, como los tendrás tú.

De vez en cuando, experimentarás un nuevo nivel de conflicto con tus padres espirituales, tal y como ocurre entre los padres biológicos y sus hijos durante los años de preadolescencia. Quizá ni siquiera sepas por qué, pero como estás encontrando y definiendo tu propia relación con Dios, comienzas a preguntar: "¿Por qué? ¿Por qué creemos esto? ¿Por qué es importante?". Según empiezas a encontrar tus propias preguntas, a lo mejor descubrirás que no necesariamente estás de acuerdo con todo lo que te han enseñado. Está bien. Estás descubriendo tu propia voz y avanzando hacia tu destino a medida que se te hace más claro lo que significa de verdad seguir a Cristo en *tu* vida.

Inquietudes para los padres espirituales

Cuando los hijos atraviesan la adolescencia temprana, o cuando alguien está en este nivel espiritualmente, es probable que los padres piensen que no están causando un gran impacto en ellos. Por eso empecé este capítulo con la historia que Walter Abercrombie le contó a su hijo hace años. Walter había olvidado por completo habérsela contado, pero su hijo no la olvidó. La historia también nos recuerda que aunque los preadolescentes a veces dudan de que sus padres tengan en mente sus mejores intereses, estos chicos necesitan creer que quizás sus padres tienen la sabiduría para ver el panorama completo cuando les aseguran: "No pasa nada, todo saldrá bien". Durante la preadolescencia —tanto biológica como espiritual— algunas de las historias que se contaron y quedaron grabadas en tu niñez ahora son recordadas, examinadas y probadas.

Cuando eres niño, crees las historias bíblicas, porque eso es lo que te enseñan, pero en esta etapa, quieres más detalles y explicaciones.

La etapa de la preadolescencia es una transición incómoda entre la niñez y la adultez espiritual. Cuando eres niño, crees las historias bíblicas porque eso es lo que te enseñan, pero en esta etapa, quieres más detalles y explicaciones. Preguntas: "¿Qué significa esto?", "¿Cómo sucedió aquello?", "¿Por qué creemos eso?".

No te alarmes si te sientes así. Te puede parecer una crisis de fe, pero no lo es. Es parte normal del crecimiento. Es el dolor del crecimiento. Tu capacidad cognitiva espiritual debe continuar creciendo para que puedas aprender a amar a Dios con toda tu mente. Pero sin duda experimentarás un poco de confusión, y hasta de duda, a medida que aprendes a desarrollar tu propia fe. Recuerda también que tus padres espirituales están creciendo, así que respétalos en ese proceso.

Recuerda que en esta edad, a nivel físico, los chicos no pueden evitar comparar su ritmo de crecimiento con el de sus compañeros. Necesitan darse cuenta de que cada persona tiene su propio ritmo de crecimiento. También es esencial recordar este punto a nivel espiritual. Pídele a Dios con frecuencia que te muestre cómo dar espacio para que todos crezcan y lleguen a ser maduro... más o menos, sea que parezcan estar más adelantados que tú o mucho más atrasados. Lo importante es que todos sigan creciendo. Eso es lo que Dios desea para nosotros.

¿A mitad del camino?

Recuerda esto: cada etapa de tu desarrollo espiritual se construye sobre la anterior. Edificarás sobre cualquier lección que aprendas en la etapa siguiente. La obediencia que aprendes durante la niñez espiritual se convierte en el músculo que necesitas para cumplir la misión de Dios en el futuro. Si te sientes estancado o paralizado en tu crecimiento, te sugiero que vuelvas a leer las lecciones que has aprendido hasta ahora y las apliques; no solo manteniéndolas en la cabeza, sino poniéndolas en acción.

De hecho, ahora que en esta etapa estamos a la mitad del proceso de maduro... más o menos, actualicemos el gráfico de crecimiento, repasemos las etapas por las que pasamos hasta ahora, y veamos lo que hemos aprendido.

ETAPA	LECCIÓN
Los padrinos	
Los abuelos	
Los padres	
El adulto	
El adolescente	
El preadolescente	Descubre quién eres: tu identidad en Cristo, dónde perteneces y tu destino para cumplir la voluntad de Dios.
El niño	Pon el conocimiento en acción. Obedece a Dios con una fe activa.
El niño pequeño	Aprende a caminar en fe y habla con Dios a través de la oración mientras creces con Dios y otros en comunidad.
El bebé	Recibe el cuidado y la atención de tu amoroso Padre celestial y de otros "padres" espirituales que quieren ayudarte a crecer.
El recién nacido	Nace de nuevo y recibe la nueva vida maravillosa que Dios te da.

Si has cumplido con todos estos requisitos, ahora estás equipado para continuar hacia la etapa de la adolescencia. Comenzarás la segunda mitad del proceso con lo que tal vez sea tu mayor desafío.

LAS PÁGINAS DE LA AVENTURA

El plan de vuelo del piloto

1. ¿Puedes recordar una historia o lección que aprendiste como preadolescente y que te ha quedado grabada todos estos años? ¿Por qué crees que la recuerdas?

2. ¿Alguna vez has mostrado favoritismo a un líder o pastor cristiano al punto de excluir a otros? ¿Cómo puedes evitar este problema o minimizar su impacto?

3. ¿Qué te ha mostrado Dios hasta ahora en cuanto a tu...

    - identidad?
    - comunidad?
    - propósito y sentido (destino)?

4. ¿De qué maneras, si las hay, se compara tu etapa de preadolescente espiritual con la historia de Jesús a los 12 años (Lucas 2:41-51)?

5. ¿Cuánto éxito piensas que has tenido en tus primeras cinco etapas es pirituales hasta ahora? ¿Estás listo para seguir? Si no, ¿qué etapa crees que necesita más atención?

Correcciones de rumbo

Si solo haces una cosa, haz lo siguiente: Busca a alguien que no se sorprenda cuando haces preguntas difíciles... ¡y plantéalas!

El diario del comandante de vuelo

Si eres mentor de alguien en esta etapa, te sugiero:

- Acepta las preguntas...todas las preguntas. Responde a ellas con paciencia y esmero. Si no sabes la respuesta, di: "No sé, pero busquemos la respuesta juntos".
- En esta etapa, las personas pueden ser muy críticas de algunos líderes y ciegas a la humanidad de otros. Ayúdalas a ver de manera más objetiva.
- No seas la única fuente de amor y sabiduría de un preadolescente espiritual. Preséntale otros cristianos maduros y afectuosos que puedan tener una influencia positiva sobre él o ella.

SEXTA ETAPA

DESCUBRE EL GUERRERO QUE HAY EN TI

EL ADOLESCENTE

"...defender la virtud, aunque deba el infierno pisar".

—El sueño imposible

Cuando empecé a considerar detalladamente el material en este capítulo, estaba preparando un mensaje para mi congregación. La misma mañana en la que preparaba mi predicación, recibí un mensaje de texto inesperado de un amigo en mi iglesia que es médico:

Bill, he estado orando por ti esta mañana. Solo quería decirte que te quiero y te aprecio mucho. Le pido a Dios que te dé sabiduría y discernimiento al llevarnos por estos territorios inexplorados.

Le respondí:

Gracias. Necesito y aprecio tus oraciones y tu aliento porque hoy estoy preparando un mensaje acerca de la adolescencia biológica y espiritual.

Y a ese mensaje, el buen doctor contestó con tres palabras: *¡Un campo minado!*

Qué descripción tan apropiada de la adolescencia: *Un campo minado*. Es una frase cargada de advertencia. Un campo minado está lleno de explosivos...y no siempre los vemos, ni sabemos por qué, cuándo, dónde o cómo explotarán. Andamos con cuidado y no sabemos dónde pisar porque, si lo hacemos, algo inesperado puede suceder. Y si te encuentras en un campo minado y logras salir sin perjuicios serios, vivirás eternamente agradecido.

¿No suena esto a la adolescencia? Quizás hayas acompañado a uno o dos muchachos a través de esta etapa de la vida, o quizá todavía tengas una que otra pesadilla acerca de tus propios años de adolescencia. Yo recuerdo los míos y, ahora que tengo mis propios hijos, aprecio mucho más a mis padres, que fueron los que sufrieron los efectos de esta etapa de mi vida.

La adolescencia biológica

A la adolescencia se la ha llamado *el tiempo donde hay algo con que ofender a todos.* Comúnmente se la asocia con el período que va de los 13 a los 19 años, aunque puede empezar antes y terminar después. Es el período de transición entre el niño y el adulto, cuando las hormonas están en pleno auge, preparando al cerebro y el cuerpo para los desafíos de la adultez.

A principios de siglo, se hizo una encuesta y se le preguntó a la gente qué pensaba de los adolescentes norteamericanos. El setenta y un por ciento de los entrevistados reconoció que lo primero que les vino a la mente era algo *negativo*. Pero el 89 por ciento de aquellos que respondieron tenía la sensación de que, con el tiempo, los adolescentes terminarían bien.[15] Estudios como éste parecen confirmar que, aunque la adolescencia puede ser un período traumático y difícil, no debe tener la última palabra en cómo termina un joven.

¿Sabes lo que más necesitan los adolescentes según los profesionales? Te daré una pista: tal vez sea lo que más les falta a los adultos. Las encuestas indican una y otra vez que lo que más necesitan los adolescentes de los adultos es... tiempo. Ellos quieren que sus padres y otros adultos se involucren en sus vidas, ayudándolos con afecto, guiándolos, protegiéndolos, ayudándolos a aprender y orientando su valentía y creatividad hacia una adultez saludable.

Un informe del Consejo de Asesores Económicos de EE.UU. confirmó que los adolescentes cuyos padres están involucrados en sus vidas tienen un nivel más bajo de "comportamientos problemáticos", como el abuso de cigarrillos, el alcohol y las drogas, las mentiras, peleas, la actividad sexual, los pensamientos de suicidio y las acciones suicidas. Aunque lleva tiempo establecer lazos emocionales de confianza, los jóvenes necesitan y quieren que los adultos los escuchen, comprendan y valoren sus perspectivas, y que luego los dirijan y motiven hacia un cuidado personal sano. El tiempo es una inversión que tiene beneficios enormes y duraderos, pero muchos padres fracasan en pasar suficiente tiempo con sus hijos adolescentes.

Con todas las variantes de la vida de un adolescente, muchas cosas pueden salir mal. A veces, un padre puede no estar lo suficientemente involucrado, y el chico busca atención en otros lugares y mediante otros comportamientos. En otras ocasiones, el padre o la madre hace todo lo posible para alentar a su hijo adolescente y éste decide hacer lo que quiere. Un pastor de uno de nuestros campus tiene una historia reveladora y alentadora que contar acerca de su adolescencia biológica. Rafael Then-Gea (el pastor Ralph) es pastor de un campus de nuestra congregación Christ Journey en Kendall. Él es un trofeo de la gracia de Dios y me alegra compartirte su historia. En sus propias palabras, he aquí el recorrido de su adolescencia:

> De niño batallé con la creencia de que no era lo suficientemente bueno. Trataba de hacer cosas buenas pero de continuo me quedaba corto (a veces, todavía me siento así). En ese entonces, mi padre no estaba mucho en casa, y cuando estaba, era abusivo.
>
> Pero Dios me dio un mentor, un maestro, una persona que caminó conmigo. Su nombre es Caleb, y un día, cuando tenía 10 años, me invitó a su iglesia. Acepté la invitación y comencé a asistir con regularidad. A los 12 años, tomé la decisión de aceptar a Cristo en mi vida y me bauticé. Sé que mucha gente tiene

historias similares que comienzan así y salen adelante. Pero mi historia tomó un rumbo diferente.

Cuando cumplí 14 años, decidí alejarme de Dios y del llamado que me había hecho. Comencé a andar con gente con la que no debía andar. Empecé a experimentar con narcóticos y me metí en muchos problemas. A los 15 años, fui a mi último campamento de la iglesia (porque casi me echan), y comencé a vivir con una cosa llamada vergüenza.

Mi vergüenza me empujó más y más lejos de lo que Dios me estaba llamando a hacer... más lejos de la gente que me amaba que Él había puesto a mi lado. Comencé a seguir a otras figuras paternas de mi mundo anterior, que pensé que me llevarían por el buen camino. Pero constantemente trataba de ganarme el amor; siempre luchaba por cosas que no debía luchar.

Sin embargo, incluso después de irme y de pensar que andaba solo en mi propio camino, Caleb estaba ahí. Oraba por mí, se ponía en contacto conmigo, y nunca se dio por vencido, aun después de que yo abandonara la iglesia a los 15 años y decidiera irme a la República Dominicana para volver a empezar la vida por mi cuenta. Mientras estaba lejos, vivía en la vergüenza, y comencé a hundirme más y más en la tentación. La opresión espiritual empezó a superarme. Estaba enfrentando muchas batallas y ninguna de ellas era buena.

Pero a los 16 años, volví a los Estados Unidos, me gradué del colegio secundario, y luego empecé la universidad. Hasta decidí enlistarme en la fuerza naval de los EE.UU. Con el diploma y los créditos universitarios, entré con un nivel E4 y un bono de contratación de $10.000 dólares. Todo parecía ir bien. Lo único que tenía que hacer era completar el entrenamiento básico en Pensacola. Pero todos estos planes estaban basados en mi propia fuerza.

Un mes antes de la fecha de salida, me apuñalaron dos veces... en una fiesta en una casa... mientras estaba jugando a la pelea. Mi vida cambió totalmente en aquella pelea. Las heridas eran graves y necesité una cirugía de cuatro horas, un litro de sangre, que recibí por transfusión, y un período de recuperación largo.

Mis sueños, aquellas cosas por las que había trabajado tanto, se hicieron añicos. Ya no podía ir a la fuerza naval, mucho menos recibir el bono de contratación. En un mes, bajé de 218 libras a 146.

Pero, aunque no lo creas, la historia tiene un final feliz. Cuando desperté de la cirugía, empecé a reconectarme con la gente que me amaba. Caleb vino a verme al día siguiente. Nunca se dio por vencido conmigo. Siempre estaba presente. Un amigo de mi niñez llamado Tracy me recibió en la iglesia con un abrazo y lágrimas en los ojos. Uno de los pastores de la iglesia que había formado parte de las Fuerzas de Operaciones Especiales de la Marina de los EE.UU. (Navy Seal) vio en mí algo que yo no podía ver, y me impulsó a ver la visión de Dios para mi vida: un futuro mucho mejor que mis planes limitados. Dios puso a mucha gente espiritualmente fuerte y alentadora en mi vida, incluso a Liz, una maravillosa mujer que luego se convertiría en mi esposa. Liz de continuo me animaba a ser mejor y a que ambos nos acercáramos más a Cristo.

Mi historia comenzó con vergüenza, traición y quebrantamiento. Tuve que luchar por mi vida literalmente. Gracias a Dios, no terminó ahí. Le doy gracias porque, durante esos momentos difíciles, Dios me rodeó de personas que me amaban y nunca perdieron la fe en mí. Con paciencia, me ayudaron en medio de la turbulencia para poder llegar a donde Dios quería que llegara. Doy gracias a Dios por todos los líderes que caminaron junto a mí durante esos tiempos difíciles y me ayudaron a ver cosas en mí que yo no había visto.

Todos los mentores que Rafael menciona en la historia –Caleb, Tracy y Mark (el miembro de Operaciones Especiales de la Marina)– eran entonces parte de la familia de nuestra iglesia Christ Journey. Cada uno de ellos le dio aliento, inspiración, instrucción, correcciones de rumbo, y lo desafió durante un tiempo crítico en su vida.

Aprecio mucho al pastor Ralph y a otros como él que están dispuestos a compartir con honestidad los desafíos y obstáculos de la adolescencia. Su historia nos recuerda que la adolescencia puede ser un tiempo de turbulencia, de pruebas y de capacitación. Es además un tiempo cuando hay certeza de la continua presencia de Dios y de su disposición a ayudarnos a través de esos años difíciles. Y si estamos dispuestos a volvernos a Él, ¡la adolescencia puede ser un tiempo de triunfo!

La adolescencia espiritual

Tiene sentido que si el propósito de la adolescencia biológica es prepararnos para enfrentar los desafíos de la edad adulta —así como el entrenamiento militar prepara a los soldados para las batallas venideras—, la adolescencia espiritual debería servir para prepararnos para enfrentar los desafíos de la adultez espiritual. La adolescencia espiritual es cuando Dios prepara a cada uno de nosotros con lo que necesitamos para llegar a ser vencedores en la lucha espiritual que sin duda enfrentaremos.

Jesús trató de preparar a sus discípulos para batallas futuras. Les dijo sin rodeos: "En este mundo afrontarán aflicciones, pero ¡anímense! Yo he vencido al mundo" (Juan 16:33). Durante los años de adolescencia, descubrimos con rapidez que la transformación física no es fácil. Tampoco lo es la transformación espiritual. Está llena de desafíos. Y cuando nos enfrentamos a los desafíos más difíciles de la vida, como los que el pastor Ralph enfrentó, empezamos a hacer preguntas difíciles. Una de esas preguntas con la que casi todos luchamos es: "¿Por qué sufren los justos mientras que los malos prosperan? ¿En qué mundo estamos viviendo?"

Es más, uno de los hombres a quien he tenido el placer de discipular a través de los años me hizo esa pregunta recientemente. Le dije que a menudo pensaba en lo que dijo Jesús: "Ancha es la puerta y espacioso el camino que conduce a la destrucción, y muchos entran por ella. Pero estrecha es la puerta y angosto el camino que conduce a la vida, y son pocos los que la encuentran" (Mateo 7:13-14). Le dije a mi amigo que, en mi experiencia, el camino angosto va por el medio del camino ancho que lleva a la perdición, y que va en la *dirección contraria*, contra el tráfico. Cuando tratas de seguir a Jesús, es como si hicieras un viraje inmediato y empezaras a ir contra la corriente. Seguir el camino angosto es como el salmón que nada contra la corriente. Toda la fuerza del mundo corre hacia abajo, y nunca te diste cuenta de su fuerza porque francamente estabas yendo con la corriente y el resto de la gente. Pero una vez que das la vuelta y comienzas a ir hacia arriba, te da la sensación de que todo arremete contra ti. Pero, como el salmón, ahora tienes un rumbo en la vida, y esto hace que todo esfuerzo valga la pena. Ir con la corriente lleva a la destrucción, pero seguir a Jesús lleva al crecimiento personal y al desarrollo espiritual. Una de las cosas que aprendemos como adolescentes espirituales es que cualquier pescado muerto puede ir con la corriente, pero se necesita un pez vivo para nadar hacia arriba contra la corriente fuerte de la cultura.

La adolescencia espiritual es un período cuando aprendemos lo que significa *vivir en contra de la corriente en un mundo que va con la corriente.*

La adolescencia espiritual es un período cuando aprendemos lo que significa *vivir en contra de la corriente en un mundo que va con la corriente.* Es un tiempo de luchas, de prueba, un tiempo cuando te das cuenta de que el costo es alto. Es el tiempo para descubrir, desarrollarte y desplegar tus armas espirituales... tu arsenal espiritual.

Aventuras en la adolescencia

Entonces, ¿cuáles son algunos de los indicadores de que tal vez estás atravesando tu adolescencia espiritual? Uno de los primeros será un avance en tu vida espiritual que te conducirá a querer más, a crecer más y a hacer más para Dios. A pesar de la oposición, estás dispuesto a arriesgarte para ver que las cosas sucedan. Piensa en los jóvenes en la Escritura cuya adolescencia espiritual estaba en sintonía con su crecimiento biológico:

David

El más joven de ocho hermanos, todos esperaban que David se quedara en casa e hiciera recados mientras que sus hermanos mayores se enlistaban en el ejército para luchar contra los filisteos. Pero cuando ninguno en todo el ejército israelita estuvo dispuesto a enfrentarse al gigante Goliat, solo David lo confrontó. En la opinión de Goliat, David era "apenas un muchacho" (quizá de unos 15 años), pero David le mostró lo que podía hacer un adolescente (1 Samuel 17).

Sadrac, Mesac y Abednego

Tres jóvenes israelitas, elegidos por su potencial físico y capacidad intelectual, fueron llevados a Babilonia cuando cayó Jerusalén. Dios les dio conocimiento excepcional y toda clase de sabiduría, y llegaron a tener un puesto alto en el reino. Pero cuando el rey pagano Nabucodonosor ordenó que todo el pueblo se arrodillara ante la enorme estatua de oro (el ídolo cultural supremo de su día), los tres jóvenes se quedaron de pie mientras que todos en el reino se postraban. Aun cuando les dieron una segunda oportunidad y los amenazaron seriamente, se negaron a arrodillarse y fueron echados al horno ardiente. Después de que Dios los libró sin sufrir daño alguno, se emitió un decreto prohibiendo a todos hablar en contra del Dios de ellos... y todos consiguieron un ascenso (Daniel 1, 3).

Ester

Cuando un hombre despiadado y malvado llamado Amán se dispuso a erradicar a los judíos en el reino de Persia, una joven judía de pronto se encontró siendo la nueva reina del reino. Sabiamente, Ester no había dado a conocer su nacionalidad, y un día descubrió que ella era la única persona que podía salvar a su pueblo. Arriesgando su propia vida, apeló al rey, pensando: *Si perezco, que perezca* (Ester 4:16). Pero el rey Asuero la apoyó, y su acción valiente fue seguida por una estrategia que sacó a la luz el plan del odioso Amán, que al final fue ejecutado. (Aunque no se menciona a Dios en la historia de Ester, Su mano se evidencia en cada escena).

Los discípulos de Jesús

¿Sabías que cuando Jesús llamó a los 12 discípulos para que lo siguieran, lo más probable es que *todos* estuvieran en su adolescencia biológica? Jesús los capacitó para ser vencedores en el reino. Ellos serían los primeros en comprender las verdades espirituales que Él estaba revelando, y fueron los que Jesús preparó para dirigir el avance de Su reino después de que Él regresó al Padre.

En el capítulo anterior, vimos a Jesús cuando tenía 12 años, en el principio de su propia adolescencia y empezando a actuar conforme al llamado de Dios en su vida. Él estaba definiendo Su identidad como Hijo de Su Padre, eligiendo su comunidad entre los sabios de la Palabra, y aceptando su destino al confirmar: "Tengo que estar en la casa de mi Padre". Aquel fue un período de claridad y descubrimiento. La próxima vez que lo vemos en la Escritura, ya tiene 30 años y está listo para comenzar su ministerio público.

Es importante notar que Jesús no pasó de la preadolescencia a la adultez, ni del templo en Jerusalén al desierto para ser tentado. No. La Biblia no menciona esos 18 años de su vida que incluyen su adolescencia, aunque los últimos dos versículos de Lucas 2 nos dan algunas pistas: "Luego regresó con sus padres a Nazaret, y vivió en obediencia a ellos. Y su madre guardó todas esas cosas en el corazón. Jesús crecía en sabiduría y en estatura, y en el favor de Dios y de toda la gente" (Lucas 2:51-52 NTV).

A los 12 años, Jesús asombró a todos los eruditos en el templo, pero de inmediato se sometió a sus padres. Fue dócil a la enseñanza que recibió en su casa. No podemos descartar el hecho de que Jesús *creció* en sabiduría, estatura y en el favor de Dios y de la gente. Esta observación es crucial para entender que la adolescencia —el tiempo entre recibir el cuidado de niño y luego enfrentar los desafíos como adulto— es necesariamente un tiempo de crecimiento. Es cuando más investigamos y desarrollamos todo aquello que descubrimos como preadolescentes.

Asume el guerrero que hay en ti

Durante la adolescencia, necesitamos evitar todos los comportamientos arriesgados sin sentido que nos pueden llevar a las adicciones, los arrestos u otros problemas. Y, sin embargo, también empezamos a ver muchas cosas que no están bien en el mundo y necesitan corregirse. Nos preguntamos si debemos arriesgarnos e involucrarnos. Hay batallas espirituales que pelear; hay victorias que ganar en casi toda profesión. Dios quiere que algunas de esas batallas y victorias sean tuyas.

Hay batallas espirituales que pelear; hay victorias que ganar en casi toda profesión. Dios quiere que algunas de esas batallas y victorias sean tuyas.

A mí me gusta llamar a este período de crecimiento y desarrollo *asume el guerrero que hay en ti.* La adolescencia biológica es el tiempo cuando el cerebro y el cuerpo cambian para prepararte para los desafíos de ser adulto. La adolescencia *espiritual* es cuando experimentas los períodos de crecimiento repentino de fe que te preparan para ser un vencedor cuando te enfrentes a los desafíos de la vida como adulto espiritual.

Cuando Juan escribió su primera carta a la iglesia, se dirigió a varios grupos diferentes. Echa un vistazo:

> Les escribo a ustedes, queridos hijos, porque sus pecados han sido perdonados por el nombre de Cristo. Les escribo a ustedes, padres, porque han conocido al que es desde el principio. Les escribo a ustedes, jóvenes, porque han vencido al maligno. Les he escrito a ustedes, queridos hijos, porque han conocido al Padre. Les he escrito a ustedes, padres, porque han conocido al que es desde el principio. Les he escrito a ustedes, jóvenes, porque son fuertes, y la palabra de Dios permanece en ustedes, y han vencido al maligno. (1 Juan 2:12-14)

Encontrarás aquí referencias a tres etapas generales de crecimiento, cada una se menciona dos veces:

Queridos hijos

Este grupo se refiere a aquellos que han establecido una relación con el Padre, y cuyos pecados han sido perdonados en Su nombre. Creo que "hijos" hace referencia a las primeras cuatro etapas que cubrimos: el recién nacido, bebé, niño pequeño y niño. Por supuesto, la relación continúa a través de todas las etapas, así que "hijos" también puede hacer referencia a *todos* los creyentes (por ejemplo, 1 Juan 2:1; 3:7; 4:4; 5:21), pero todo comienza en las primeras etapas.

Padres

En nuestro contexto, este grupo incluye tanto a hombres como a mujeres que han cultivado un conocimiento más profundo de nuestro Dios, que es desde el principio, un entendimiento de Dios que va más allá del tiempo. Los "padres" son los sabios espirituales. Creo que esta categoría guarda correlación con las tres últimas etapas de nuestro cuadro: los padres, abuelos y padrinos.

Jóvenes

Creo que aquí Juan hace referencia a todos los guerreros espirituales, hombres y mujeres, que están firmes en la verdad de Dios. La Palabra de Dios vive en ellos y han vencido al maligno. En nuestro gráfico, esto incluye las etapas 5 a 7: el preadolescente, adolescente y adulto. Son las que yo llamo etapas del *guerrero*. Durante la adolescencia, creces cuando asumes el guerrero que hay en ti.

El apóstol Pablo confirmó lo que Juan enseñó. En la carta a Timoteo, Pablo desafió al joven pastor: "Así que tú, hijo mío, fortalécete por la gracia que tenemos en Cristo Jesús. Lo que me has oído decir en presencia de muchos testigos, encomiéndalo a creyentes dignos de confianza, que a su vez estén capacitados para enseñar a otros" (2 Timoteo 2:1-2). Al continuar, Pablo desafía a Timoteo a sufrir como el soldado que quiere agradar a su superior, a competir como un atleta según el reglamento y no ser descalificado, y a trabajar duro y ser paciente como el labrador que espera la cosecha (2 Timoteo 2:3-7). Todos estos son desafíos que debemos enfrentar y disciplinas que debemos aprender en la etapa de la adolescencia.

Pero en su carta a la iglesia en Éfeso, Pablo es más específico acerca de la intensidad de la batalla espiritual que libran todos los creyentes, y describe la armadura que se requiere para asumir el rol del guerrero que hay en nosotros. Ésta es una lista de lo que necesitamos para protegernos y finalmente lograr la victoria:

> Por último, fortalézcanse con el gran poder del Señor. Pónganse toda la armadura de Dios para que puedan hacer frente a las artimañas del diablo. Porque nuestra lucha no es contra seres humanos, sino contra poderes, contra autoridades, contra potestades que dominan este mundo de tinieblas, contra fuerzas espirituales malignas en las regiones celestiales. Por lo tanto, pónganse toda la armadura de Dios, para que cuando llegue el día malo puedan resistir hasta el fin con firmeza. Manténganse firmes, ceñidos con el cinturón de la verdad, protegidos por la coraza de justicia, y calzados con la disposición de proclamar el evangelio de la paz. Además de todo esto, tomen el escudo de la fe, con el cual pueden

> apagar todas las flechas encendidas del maligno. Tomen el casco de la salvación y la espada del Espíritu, que es la palabra de Dios. (Efesios 6:10-17)

Los astronautas nunca irían al espacio sin sus trajes espaciales, que están diseñados especialmente para protegerlos de las temperaturas extremas, darles el oxígeno y agua que necesitan, y protegerlos de las lesiones. Los guerreros sabios nunca van al campo de batalla sin colocarse la armadura. Para nosotros, la armadura espiritual es esencial para sobrevivir y vencer.

Los guerreros sabios nunca van al campo de batalla sin colocarse la armadura.

El casco de la salvación es la esperanza por la cual conquistamos la tristeza y el desaliento... es tener la seguridad de que, más allá de lo que te suceda en esta vida, tu relación eterna con Dios está garantizada. La coraza de justicia nos protege contra los ataques de culpa y vergüenza que arremeten contra el corazón. El calzado firme del evangelio (como usar el calzado de fútbol o golf para pisar firme y mantener el equilibrio) te asegura de que la confusión no te hará resbalar. La verdad de Dios es como un cinturón que mantiene todo en su lugar. El escudo de la fe es una capa adicional de protección delante de ti o sobre ti para apagar las flechas encendidas de temor que el enemigo quiere infligir. (El escudo romano era lo suficientemente grande para proteger el cuerpo entero de un soldado cuando era atacado). Y la espada del Espíritu es la Palabra de Dios mediante la cual atravesamos el territorio enemigo, liberando a los cautivos. Luchamos con la autoridad de Dios; no estamos limitados por nuestra propia fuerza y sabiduría.

En las etapas anteriores de crecimiento espiritual, aprendiste a vestirte por tu cuenta, pero como adolescente a menudo te vistes con esta armadura espiritual porque las luchas se vuelven más duras y, las batallas, más feroces. Sin la armadura que Dios provee, estarás desprotegido y serás vulnerable a toda clase de tentación y problema.

La adolescencia espiritual es un tiempo de transformación, de cambios rápidos y extremos. En tu proceso de crecimiento hasta ahora, la Palabra de Dios ha sido tu sostén para alimentar tu alma, primero como leche espiritual cuando eras un bebé y, luego, como alimento sólido. Pero ahora, como adolescente, empiezas a confrontar más peligros en el mundo y descubres que la Palabra de Dios también es la espada del Espíritu. Además de toda la armadura de protección, necesitarás tu espada.

¿Dónde está la carne?

En mi propia experiencia *como* adolescente espiritual y después de trabajar con muchos otros a través de los años, sé que muchos tienen un hambre profundo de recibir más de Dios y más de las cosas de Dios. Sienten que hay más de lo que han experimentado hasta el momento y quieren saber dónde encontrarlo. En la década de los ochenta, el restaurante de comida rápida Wendy's transmitió una serie de comerciales por televisión y, en cada uno de ellos, la actriz Clara Peller pregunta: "¡¿Dónde está la carne?!". (Puedes verlos en YouTube bajo el título: "Where's the Beef?!"). Oigo la misma urgencia en los adolescentes espirituales con hambre que quieren saber "¿Dónde está la carne?" en términos de su fe en crecimiento. A menudo, lo oigo cuando la gente se queja conmigo, diciendo: "Pastor, estoy cansado de la leche. Sé que los bebés espirituales la necesitan, pero yo necesito más. ¿Cuándo nos alimentará con algo de carne?"

En la adolescencia espiritual —la etapa del guerrero—, Jesús dice que hay una dieta nueva que consiste en *hacer*.

A esta altura de nuestro desarrollo, Jesús tiene una sorpresa para nosotros. Nos dice: "Mi comida es que haga la voluntad del que me envió, y que acabe su obra" (Juan 4:34 RVR60). ¿Puedes ver lo que dice? En la adolescencia espiritual —la etapa del guerrero—, Jesús dice que hay una dieta nueva que consiste en *hacer*. La verdadera carne que alimenta el crecimiento durante este nivel no la encontramos simplemente en un libro o estudio, o en tener mayor conocimiento bíblico. La encontramos cuando entramos en el campo de conflicto, cuando buscamos *hacer* la voluntad de Dios. La tentación que enfrentan los adolescentes espirituales con hambre es comer mucho de la Biblia sin ponerla en práctica, es decir, sin hacer la voluntad de Dios. Como resultado, engordan, pero sin estar en buena forma espiritual. Aquí está la cuestión: no subas de peso sin hacer ejercicios. ¡Ponte en forma siguiendo a Jesús y cumpliendo tu misión! ¡Es hora de actuar!

En los adolescentes biológicos, la emoción y la pasión aumentan bruscamente en esta etapa por un motivo: tienen que *liberarlas*; tienen que ponerlas en *acción*. Lo mismo sucede con los adolescentes espirituales. Es hora de comenzar a *actuar* en base a la fe, y no solo estudiarla. En esta etapa, comenzamos a ver por qué es tan importante aprender las lecciones de las etapas anteriores, porque no podemos construir una vida vencedora desde una postura de desobediencia. Algunos se preguntan: "¿Por qué me siento atrapado? ¿Por qué estoy estancado?". Permíteme reiterar lo siguiente: *No podemos construir una vida vencedora desde una postura de desobediencia*. Primero, debemos aprender y construir sobre las lecciones aprendidas; luego, avanzar y ponerlas en acción a medida que enfrentamos al enemigo. "La fe por sí sola, si no tiene obras, está muerta" (Santiago 2:17). ¡La adolescencia es el tiempo cuando te conviertes en una figura de acción con una fe activa!

Dios quiere que sepas que donde has estado ya no es suficiente. Cuando comienzas a darte cuenta por ti mismo, es tiempo para más. ¿Y qué es "más"? Bueno, todos tenemos por lo menos tres opciones. La primera es rebelarnos. Puedes decir: "No. Ya no más para mí. Voy a vivir mi vida a mi manera". Esta fue la opción que tomó el hermano menor en la parábola del hijo pródigo. Él deshonró a su padre y se fue a hacer lo que quería, pero sus planes no se concretaron como esperaba y había planificado.

La segunda opción es "más de mí", es decir, convertirnos en santulones y resistir crecer en la fe y seguir avanzando y, en vez de eso, nos convencemos diciendo: "Estamos bien, ¡gracias!". En la parábola, esa fue la respuesta del hijo mayor. Nunca dejó el hogar, pero se quedó en casa amargado, creyendo en sus derechos, culpando a su padre y quejándose: "Fíjate que nunca me has dado al ternero más gordo, ¡ni siquiera un cabrito!". Es una opción sin salida. El hermano mayor demuestra lo que mi experiencia me ha enseñado: que la justicia propia ¡es más *propia* que *justa*! En otras palabras, nos tornamos egocéntricos. Pero antes de menospreciar al hermano mayor, necesitamos asegurarnos de *no apresurarnos* a juzgar de manera legalista y condenar a otros mientras le sacamos brillo a nuestros halos y pensamos: *¡Gracias a Dios que no soy así!*

Pero nuestra tercera opción es "más de Dios". Empezamos a intuir que habrá algo más de Dios y nuestra fe de lo que hasta ahora hemos comprendido. Como respuesta, no solo atravieses esa etapa, sino crece a través de ella. Asume el guerrero que hay en ti y métete en la batalla. Entra en la zona de peligro del servicio y la guerra espiritual. Deja ya de solo comer y hablar. Empieza a aplicar y practicar tu fe de manera que haga una diferencia. ¡Ésa es tu misión de parte de Dios!

Empieza a aplicar y practicar tu fe de manera que haga una diferencia. ¡Ésa es tu misión de parte de Dios!

Seguir adelante

Si crees estar en la etapa de la adolescencia espiritual, ¿qué puedes hacer hoy para crecer? ¿Cómo puedes pasar al próximo nivel de desarrollo espiritual? O quizás estás tratando de ayudar a alguien a dar esos pasos y quieres ayudarlo a demoler eso que lo detiene. ¿Cómo lo ayudas a alcanzar su nuevo nivel de desarrollo espiritual?

En primer lugar, tú necesitas un mentor espiritual. Encuentra a un creyente que demuestre consistentemente una fe sólida y madurez espiritual. Necesitarás a alguien que te ame, escuche y guíe. Tu mentor es un entrenador. Él o ella te puede animar y codearte con suavidad para que avances, pero no puede (y no debe) hacer el trabajo por ti. Si no sientes el fuego que te impulsa a seguir creciendo y hacer más para Dios, tal vez sea la hora de hacer un inventario personal de tu vida espiritual. Repasa las etapas anteriores y evalúa tu progreso. ¿Se han convertido en un estilo de vida? ¿O eres un "oidor de la palabra" y no un "hacedor de la palabra"? Todo progreso es producto de un proceso. Quizá no estés todavía en la etapa de la adolescencia, pero no dejes que la desobediencia sea la causa de la falta de progreso. Un mentor puede ayudarte a reflexionar, a hacer las correcciones de rumbo necesarias, y animarte a dar los próximos pasos en tu crecimiento. Tu mentor pedirá a Dios que un fuego nuevo de Su presencia caiga sobre ti y produzca un progreso espiritual auténtico.

Un mentor trabajará contigo para ayudarte a que te desarrolles en las siguientes áreas:

El tiempo

Pasar tiempo con tu mentor o maestro te permitirá desarrollar la confianza y obtener la guía necesaria, y también aprenderás a dedicar más "tiempo a solas" a las disciplinas espirituales de estudio bíblico, oración y demás. Siempre puedes encontrar otras maneras de llenar tu tiempo, pero el crecimiento espiritual debe convertirse en una prioridad. Un mentor puede desafiarte a que seas más determinado con tu lectura y estudio de la Escritura, y también te ayudará a descubrir nuevas oportunidades para aplicar lo que has aprendido. Un mentor puede presentarte las seis maneras de recibir la Palabra de Dios en tu vida: oyéndola (Romanos 10:17), leyéndola (Hechos 8:28), estudiándola (Hechos 17:11), memorizándola (Salmo 119:11), meditando en ella (Salmo 1:2) y poniéndola en práctica (Santiago 1:22; Mateo 7:24; Juan 13:17).

La capacitación

En las reuniones regulares que tengan, tu mentor te ayudará a aprender a desarrollar tus talentos, pasiones y habilidades. Hasta no comprender bien los dones que Dios te ha dado y lo que tú quieres hacer para Él, tal vez no sea beneficioso vestirte con la armadura de Dios y salir corriendo al campo de batalla. Trabaja con un ministro o líder para descubrir cómo tus talentos, pasiones y habilidades se alinean con las oportunidades de ministerio. Haz el trabajo preliminar y luego pasa al área siguiente.

Prueba y error

Es aquí cuando entras al campo de batalla y pones a prueba lo que crees. La fe se convierte en acción, y ya no es solo un ejercicio cognitivo. Pruebas tus talentos en el servicio, en el ministerio y en la ayuda social, aprendiendo en la medida que sirves. Entras en la zona de peligro, sabiendo que te arriesgas a encontrarte con tu versión de un gigante enfurecido, de un horno ardiente, de un adversario lleno de odio, o de un sinnúmero de amenazas como las que leemos en la Escritura. Pero no importa lo que suceda, tu fe te hace seguir adelante.

El equipo

Nunca estás solo en el proceso. Tu mentor debe ser un apoyo sólido y seguro para ti, pero también debes tener otros con quienes puedas comunicarte con regularidad. Tu grupo pequeño, tus amigos íntimos y otros adultos maduros se convertirán en tu segunda familia (hermanos y hermanas en el Espíritu que son compañeros de batalla contigo).

Tu mentor te puede ayudar en estas cuatro áreas importantes. Pero hay una más que debes hacer por ti mismo si quieres seguir creciendo de ahora en adelante. Nadie puede hacerlo por ti. Esa cualidad es la *de ser una persona enseñable.* Si no estás dispuesto a aprender, si no estás dispuesto a cambiar, no lo harás. Si no quieres crecer como adulto, te quedarás estancado y atascado (y es muy probable que te frustres) en una de las etapas anteriores. Pero si te acercas a Jesús con un espíritu de aprendiz, si tienes un corazón curioso y humilde, y continúas aprendiendo como un discípulo en formación, Él tiene cosas mayores para ti (Juan 14:12).

ETAPA	LECCIÓN
Los padrinos	
Los abuelos	
Los padres	
El adulto	
El adolescente	Desarróllate. Vístete de la armadura espiritual de Dios, asume el guerrero que hay en ti y únete a la batalla.
El preadolescente	Descubre quién eres: tu identidad en Cristo, dónde perteneces y tu destino para cumplir la voluntad de Dios.
El niño	Pon el conocimiento en acción. Obedece a Dios con una fe activa.
El niño pequeño	Aprende a caminar en fe y habla con Dios a través de la oración mientras creces con Dios y otros en comunidad.

El bebé	Recibe el cuidado y la atención de tu amoroso Padre celestial y de otros "padres" espirituales que quieren ayudarte a crecer.
El recién nacido	Nace de nuevo y recibe la nueva vida maravillosa que Dios te da.

En las primeras tres etapas, el creyente infante decía: "aliméntame". En las tres siguientes, decía "capacítame" para un futuro maravilloso y eficaz que honre a Dios. Ahora, en el resto del libro, veremos que los creyentes maduros se dedican a ayudar a otros a crecer en la fe, diciendo: "Sígueme".

LAS PÁGINAS DE LA AVENTURA

El plan de vuelo del piloto

1. ¿Cuál fue uno de los mayores desafíos que recuerdas de tu adolescencia biológica? ¿Qué aprendiste que puedas aplicar a esta etapa de adolescencia espiritual?

2. Repasa la "armadura de Dios" (debajo) que describe a Pablo. ¿Con qué parte te sientes más cómodo? ¿A qué parte (o partes) puedes prestarle un poco más de atención antes de ir a la próxima batalla?

   - La salvación (el casco)
   - La justicia (la coraza)
   - La verdad (el cinto)

- La paz (el calzado)

- La fe (el escudo)

- El conocimiento de la Palabra de Dios (la espada)

3. Cuando te encuentras atascado a nivel espiritual, ¿tiendes a rebelarte? ¿Te conviertes en un santulón? ¿O, en lugar de eso, creces a través de ese tiempo de estancamiento? Explica tu respuesta.

4. ¿Cómo te sientes cuando estás en una etapa que exigirá más riesgo de tu parte? ¿Por qué?

5. ¿Cómo le explicarías a alguien lo que significa "asumir el guerrero que hay en ti"? ¿Lo has hecho (o estás listo para hacerlo) para que puedas seguir avanzando a la próxima etapa?

Correcciones de rumbo

Si solo haces una cosa, haz lo siguiente: Toma tiempo para imaginar que te pones cada una de las partes de la armadura espiritual, y luego imagina que eres el guerrero de Dios en las luchas actuales de tu vida.

El diario del comandante de vuelo

Si eres mentor de un adolescente espiritual, te sugiero:

- Sé paciente... muy paciente. Recuerda que, por lo general, esta etapa está llena de altibajos.

- Imparte visión con respecto al impacto que está teniendo la persona. Habla de sus fortalezas, deseos y dones, y brídale un panorama de cómo Dios puede usarlo en el futuro.

- Los buenos mentores, así como los buenos padres, dan a aquellos que cuidan “raíces y alas”. Brinda muchísimo apoyo y muchísima seguridad, pero también fomenta la creatividad y la valentía.

SÉPTIMA ETAPA

LLEGAR A LA MADUREZ

EL ADULTO

"Estoy empezando con el hombre en el espejo...
si quieres hacer del mundo un mejor lugar
mírate a ti mismo y haz el cambio".

—"El hombre en el espejo", Michael Jackson

¿Qué significa llegar a ser adulto? Todo depende de la persona a la que le preguntas... o quizás el lugar donde vives. En todo el mundo, son muchas y variadas las fiestas que reconocen el paso a la adultez: "convertirse en hombre" o "convertirse en mujer". Algunas son superficiales e informales, como las fiestas de los Dulces 16 para las chicas en los Estados Unidos. Otras, como las fiestas de quinceañeras en América Latina, son más tradicionales culturalmente, y pueden llegar a ser colosales. Algunas celebraciones se enfocan más en el aspecto religioso, como el Bar Mitzvah y el Bat Mitzvah judíos. Japón tiene su "Día del adulto", donde se celebra y honra a todos los cumplen 20 años —mujeres y varones jóvenes— , permitiéndoles beber, fumar y votar legalmente.

Pero algunas culturas tienen requisitos más exigentes. *La Ceremonia del amanecer* de los apaches es un rito de cuatro días, agotador a nivel físico, que reconoce cuando una niña se convierte en mujer. Literalmente, la pintan con una mezcla de harina y barro que no puede lavarse hasta el final de la ceremonia. Como muchos ritos de iniciación entre los nativos norteamericanos, éste involucra a la familia y la comunidad, que reconocen que la joven ha llegado a la adultez, y hace énfasis en la herencia y las antiguas tradiciones de la tribu1.[16]

Un ritual que desafía a la muerte de las islas Vanuatu exige que un joven amarre una de sus piernas a una viña (o enredadera) sobre una plataforma (o torre) de madera que puede tener una altura de hasta 30 metros. Su madre está junto a él con un artículo de su niñez. Ella lo arroja mientras él salta con el objetivo de detenerse tan cerca de la tierra como sea posible. Si él toca la tierra, la tribu anticipa una buena cosecha.

Si quieres convertirte en hombre en las tribus del Amazonas de Brasil, tienes que salir a coleccionar muchas hormigas bala —la hormiga bala tiene la mordida más poderosa del mundo— y llevarlas a uno de los ancianos de la tribu para que pueda insertarlas en unos guantes. En el transcurso de las semanas siguientes, usan esos guantes por 10 minutos y como mínimo 20 veces. Si puedes evitar la parálisis que resulta ocasionalmente, pasas la iniciación y eres un adulto.[17] (Creo que yo paso).

Llegar a la adultez

Antes de pasar a la próxima etapa en el proceso de llegar a ser maduro... más o menos, pensé que te gustaría ver cómo otras culturas manejan el proceso de convertirse en adultos. ¡Mi sugerencia en este capítulo tal vez no sea tan exigente en comparación con otras culturas! Sin embargo, aun cuando limitamos nuestras observaciones a la cultura estadounidense, veremos que no es algo simple determinar exactamente cuándo hacemos esa transición crucial de niño a adulto.

Hasta ahora, hemos visto que en la vida natural todo *progreso es producto de un proceso*... la semilla da la flor y la flor da el fruto. Lo mismo sucede con el desarrollo humano: del nacimiento pasamos a la infancia, de la infancia, a la adolescencia y, de la adolescencia, a la adultez. Y ahora nos preguntamos: ¿Qué significa ser un ser humano adulto?

Desde el punto de vista biológico, la respuesta es bastante simple. Es más, nuestros familiares empiezan a avisarnos incluso antes de que reflexionemos mucho sobre el asunto. Cuando estamos en las reuniones familiares, se nos acercan y dicen: "¡Mira cómo has crecido!". Lo que quieren decir es que los cambios físicos que contemplan no dejan la menor duda de que la persona ante ellos ya no es simplemente un niño o una niña.

Tal vez en la secundaria te enseñaron que te conviertes en adulto cuando tu cuerpo tiene la capacidad de reproducirse, pero ahora los expertos dicen que el cerebro humano no alcanza la madurez hasta llegar a la mitad de los 20 o 30 años. Entonces, ¿puedes considerarte un adulto antes de que tu cerebro se desarrolle por completo? Sí parece confirmar que puedes reproducirte antes de saber lo que realmente está sucediendo. Es confuso. Pero lo bueno es que algunos creen que el desarrollo del cerebro humano continúa de cierta forma a través de todos nuestros años, lo que significa es que hay esperanza para todos.

Nuestra cultura suma a nuestra confusión de lo que constituye un "adulto". Cuando cumples 16, ya reúnes los requisitos para conducir un automóvil e ir rápido por el camino solo. Suena como un reconocimiento de madurez, ¿no es así? Pero tienes que esperar dos años más para votar, para enlistarte en el ejército sin el permiso de tus padres o, en muchos estados, para casarte. No puedes consumir alcohol legalmente hasta cumplir los 21 años. Y además, 25 estados no tienen una edad mínima para el casamiento, lo cual significa que si te casaste de adolescente y te das cuenta de que fue un error, no puedes ahogar tus penas con el alcohol hasta que cumplas 21. (Sí, la broma es horrible, lo sé).

En el siglo XX, el camino hacia la adultez parecía algo estandarizada: encuentra tu pareja, cría tu familia, comienza tu profesión y gobierna tu casa. Hoy es más complicado. Kelly Williams Brown es una escritora que nació en 1984, alguien a quien los investigadores sociales llamarían *millennial* o milenaria. Se le acredita haber inventado el término inglés *adulting*, que se refiere a las acciones que reflejan la madurez, y escribió un libro al respecto que dio inicio a muchas conversaciones.[18] La revista *Altantic* publicó un artículo citando el libro y pidió a sus lectores que respondieran contando cuándo sintieron que llegaron a ser personas adultas (si alguna vez lo sintieron). Aquí presento algunas de las respuestas (editadas)[19]:

- "Ser un milenario y tratar de ser adulto es extremadamente confuso. No puedo decidir si debería comenzar una organización sin fines de lucro, procurar otro diploma universitario, desarrollar una iniciativa empresarial productiva, o de algún modo viajar por el mundo y hacerlo lucir en línea como si fuera algo fácil. Según parece, tengo que aceptar un trabajo que nunca pagará mis deudas universitarias y en un campo que no fue el que estudié. Por tanto, si mantengo el ideal tradicional de lo que significa ser adulto, tampoco doy en el clavo. No estoy casado y no tengo una carrera estable y duradera a nivel económico... Es injusto juzgarme a mí mismo, pero confieso que a menudo caigo en la trampa de la comparación. A veces, porque simplemente deseo esas cosas para mí, y otras, debido a Instagram".

- "Durante los últimos años, he sentido la presión –puede ser biológica o social– de librarme del yugo de la ayuda financiera de mis padres. He sentido que llegaré a ser un verdadero "adulto" solo cuando pueda mantenerme económicamente. Algunos de los indicadores tradicionales de la adultez (cumplir 18 o 21 años) llegaron y pasaron sin que me sintiera más adulto, y no creo que el matrimonio me haga sentir una persona adulta a menos que vaya acompañado de la independencia económica".

- "Soy ginecóloga y obstetra, y veo a muchas mujeres luchar con los cambios de la vida... Creo que la respuesta a la pregunta '¿Cuándo te conviertes en adulto?' tiene que ver con el momento en que por fin te aceptas a ti misma. Mis pacientes que tratan de detener el tiempo a través de la menopausia no parecen adultas aunque ya tienen entre 40 y 50 años. Aquellas que se sienten seguras a través de las luchas de la vida son mujeres que sí parecen adultas. Tienen todavía almas jóvenes y aceptan los indeseados cambios en su cuerpo, la falta de sueño por sus hijos y aquellas cosas que no pueden cambiar".

- "Por mucho tiempo, esperé tener esa sensación de 'soy adulto'. Tengo 27 años, estoy casado, vivimos solos, y trabajo como administrador en una empresa exitosa de hotelería. Pensé que todas estas cosas (edad, matrimonio, carrera) harían surgir esa sensación de adultez. En retrospectiva, creo que me estaba haciendo la pregunta equivocada. No creo haber tenido mucha infancia o adolescencia. He trabajado desde los 13 años y trabajé con otros chicos de mi edad. Nuestros padres eran inmigrantes que ganaban un poquito más que nosotros. Fuimos sus intérpretes desde que éramos niños. Los bancos y las empresas de servicios públicos oyeron mi voz prepubescente como mi madre o padre, etc. Creo que algunos de nosotros llegamos a la adultez antes de ser conscientes de haberlo hecho".

Estas historias confirman que no hay una respuesta simple para las preguntas "¿Cuándo eres realmente un adulto?" y "¿Cuáles son las características de un adulto?". En los tiempos en que vivimos, las líneas no están bien definidas, ¿verdad?

La adultez espiritual

Volvamos nuestra atención a la madurez espiritual en esta etapa. Tal vez logremos una respuesta más satisfactoria si cambiamos la pregunta a: "¿Qué significa ser 'una persona adulta' desde el punto de vista *espiritual*?".

Como seguidores de Cristo, ése es nuestro enfoque en esta etapa. ¿Cómo podemos saber, como personas que profesan una fe viva, que somos adultos espirituales? ¿Sabías que, según la Escritura, ser un adulto espiritual *nunca* es una cuestión de edad cronológica? Puedes ser joven en años a nivel biológico pero sabio y fuerte en la madurez espiritual. Por otro lado, puedes tener muchos años de edad y todavía no ser consciente de los recursos que Dios tiene para tu vida, viviendo por debajo de tu privilegio como hijo de Dios, y nunca realmente llegar a ser maduro a nivel espiritual.

No madurar espiritualmente es una tragedia. Dios tiene una visión y un potencial para que *todo* ser humano encuentre su sentido de realización en Cristo. La Escritura reafirma esta verdad:

- "Su divino poder, al darnos el conocimiento de aquel que nos llamó por su propia gloria y excelencia, nos ha concedido todas las cosas que necesitamos para vivir como Dios manda. Así Dios nos ha entregado sus preciosas y magníficas promesas para que ustedes, luego de escapar de la corrupción que hay en el mundo debido a los malos deseos, lleguen a tener parte en la naturaleza divina" (2 Pedro 1:3-4).

- "Y pido que, arraigados y cimentados en amor, puedan comprender, junto con todos los santos, cuán ancho y largo, alto y profundo es el amor de Cristo; en fin, que conozcan ese amor que sobrepasa nuestro conocimiento, para que sean llenos de la plenitud de Dios" (Efesios 3:17-19).

- "Más bien, al vivir la verdad con amor, creceremos hasta ser en todo como aquel que es la cabeza, es decir, Cristo" (Efesios 4:15).

- "El que ama a su hermano permanece en la luz, y no hay nada en su vida que lo haga tropezar" (1 Juan 2:10).

Observa en estos pasajes los beneficios de un crecimiento espiritual continuo: poder divino que nos concede todo lo que necesitamos, amor que sobrepasa todo conocimiento, llenura de la plenitud de Dios, una madurez como la de Cristo, y la capacidad para evitar los tropiezos espirituales. ¡Tu fe es mucho más que simplemente recibir a Cristo, nacer de nuevo, e ir al cielo! Con razón suplica el autor de Hebreos: "Por eso, dejando a un lado las enseñanzas elementales acerca de Cristo, avancemos hacia la madurez" (Hebreos 6:1). En otras palabras, ¡es hora de crecer!

Nacer de nuevo es como *encender* el automóvil. Pero no lo enciendas para dejarlo ahí estacionado. Una vez que el motor está andando, el proceso de madurez es como *ir* a diferentes lugares en el coche. Dios tiene planes altísimos para cada uno de sus hijos... incluyéndote a ti.

En el Sermón del Monte, Jesús desafió a sus oyentes: "Sean perfectos, así como su Padre celestial es perfecto" (Mateo 5:48). ¿Es su intención que seamos intachables como Dios? Claro que no. Pero sí pienso que siempre podemos avanzar un poquito más en nuestro camino espiritual. Siempre hay espacio para crecer un poquito más.

Como expliqué en la Primera etapa, Jesús no está hablando de gente obsesionada con el perfeccion*ismo*, el problema que llevó a los fariseos a la hipocresía y a la superioridad moral. Eso no es seguir a Cristo. Como dijo Mark Twain: "Hay quienes son buenos en el peor sentido de la palabra". Jesús quiere que nuestra fe crezca y se desarrolle en su totalidad. El objetivo en cada etapa de tu crecimiento es que te desarrolles por completo y maximices tu potencial.

Es más, revisemos las lecciones centrales de cada etapa hasta ahora a medida que hemos progresado hacia la etapa de la adultez:

ETAPA	LECCIÓN
Los padrinos	
Los abuelos	
Los padres	
El adulto	Responsabilízate de tu propia vida espiritual. Sé lleno de toda la medida de la plenitud de Cristo.
El adolescente	Desarróllate. Vístete de la armadura espiritual de Dios, asume el guerrero que hay en ti, y únete a la batalla.
El preadolescente	Descubre quién eres: tu identidad en Cristo, dónde perteneces y tu destino para cumplir la voluntad de Dios.

El niño	Pon el conocimiento en acción. Obedece a Dios con una fe activa.
El niño pequeño	Aprende a caminar en fe y habla con Dios a través de la oración mientras creces con Dios y otros en comunidad.
El bebé	Recibe el cuidado y la atención de tu amoroso Padre celestial y de otros "padres" espirituales que quieren ayudarte a crecer.
El recién nacido	Nace de nuevo y recibe la nueva vida maravillosa que Dios te da.

Y ahora, como ves, hemos llegado a la lección central para los jóvenes adultos espirituales, la cual es, en una palabra: la *responsabilidad*. Ésta es la etapa donde te responsabilizas por tu propia vida ante Dios en Cristo. Asumes la responsabilidad de *hacer* la voluntad de Dios. La adultez espiritual es más que solo aprender y pensar y sentir; requiere hacer. Es hora de poner en práctica esas lecciones, esos pensamientos y sentimientos.

Tú asumes la responsabilidad de *hacer* la voluntad de Dios.

Ser adultos *biológicos* significa hacer cosas como ir a trabajar, casarse, criar hijos, sobrevivir catástrofes y marcar una diferencia en el mundo. A nivel espiritual, los adultos han superado la adolescencia, donde aprendieron a integrar el guerrero que hay en ellos y comenzaron a buscar primeramente el reino de Dios y su justicia, dejaron que la verdad los hiciera libres, y descubrieron la fuerza comunitaria de la iglesia y los grupos pequeños. Esas tal vez sean nuevas experiencias para mucha gente.

Pero los adultos espirituales ahora empiezan a responsabilizarse y continuar todas esas cosas, asegurándose de que sigan sucediendo en sus vidas. Como adultos, las nuevas experiencias se convierten en hábitos.

El Nuevo Testamento nos dice que tú no fuiste destinado a ser Dios, sino que has sido creado en la imagen de Dios para *pertenecer* a Dios, ser *semejante a* Él, y llegar a *la plena estatura de Cristo* (Efesios 4:13). Es una buena noticia, porque significa que nadie puede alcanzar su máximo potencial en esta vida sin ayuda. Eso lleva muchísimo tiempo, pero mientras tanto, sí *puedes* cumplir la voluntad de Dios *para tu vida*. Comienza orando como nos enseñó Jesús: "Hágase tu voluntad en la tierra como en el cielo". Tú puedes traer el cielo a la tierra todos los días en tu vida personal. Eso es lo que los adultos espirituales empiezan a hacer.

Preguntas y respuestas

A medida que avanzamos en el proceso de crecimiento espiritual, tendemos a hacer más preguntas. Aquí hay cinco preguntas básicas que surgen cada vez que hablo de este asunto con otros. Espero que te ayuden a entender mejor este salto inicial hacia la adultez espiritual.

Pregunta No. 1: ¿Cómo sé cuándo comienza la etapa de adultez? ¿Cómo es?

Continúas lo que empezaste en la etapa de la adolescencia, y aumentar tu confianza en Dios también aumenta tu confianza en ti mismo. Estás uniformado para la batalla, vistes tu armadura espiritual, y has empezando a llevar una vida que entabla combate con el enemigo y lo vence. Lo pones nervioso porque estás aprendiendo a evitar sus trampas y a poner al descubierto sus artimañas. Estás preparado para tomar decisiones que debilitan su influencia y consolidan el reino de Dios. Tomas buenas decisiones, vences la tentación, y haces lo correcto. El autor de Hebreos dice que los que alcanzaron la madurez por medio del entrenamiento y la práctica, desarrollan la habilidad de discernir el bien del mal (Hebreos 5:14).

El estilo de vida de los adultos espirituales es hacer lo correcto, en el momento correcto, de la manera correcta y por las razones correctas.

Además, estás lleno del Espíritu, produces el fruto del Espíritu, y usas tus dones espirituales. (Si todavía no has identificado cuáles son tus dones espirituales, lee Romanos 12:4-8, 1 Corintios 12:4-11, Efesios 4:11-13 y 1 Pedro 4:8-11 para ver las distintas listas y descripciones). Le das lugar al Espíritu de Dios para que fluya como río de agua viva en tu vida (Juan 7:38). Demuestras el fruto del Espíritu de Dios, y otros notan cómo crece tu amor, alegría, paz, paciencia, amabilidad, bondad, fidelidad, humildad y dominio propio (Gálatas 5:22-23). Cuando la gente comienza a madurar espiritualmente, se distingue entre la multitud y su luz brilla más para Dios. ¿Está sucediendo eso en tu vida?

Pero si quieres un indicador claro de que ya eres un adulto espiritual entera y completamente, Santiago nos da uno de los últimos obstáculos a vencer en el crecimiento espiritual: domar la lengua. Él dice: "Todos fallamos mucho. Si alguien nunca falla en lo que dice, es una persona perfecta, capaz también de controlar todo su cuerpo" (Santiago 3:2). Si puedes controlar tu lengua, dice Santiago, estás llegando a la verdadera madurez. Para la mayoría de nosotros, ésa es un área que debemos mejorar a través de toda la vida.

De nuevo, recuerda que tu progreso espiritual no está ligado a tu edad cronológica. No es cuestión de años de almanaque. No alcanzas la madurez y la aseguras de una vez y para siempre. Es un proceso dinámico. Incluso el apóstol Pablo dijo: "No quiero decir que ya haya logrado estas cosas ni que ya haya alcanzado la perfección; pero sigo adelante a fin de hacer mía esa perfección para la cual Cristo Jesús primeramente me hizo suyo" (Filipenses 3:12 NTV). Lo que está diciendo es: "No he 'llegado'. Todavía estoy aprendiendo. Pero he asumido la responsabilidad de mi propia vida ante Dios en Cristo". Ésa es la mentalidad de un adulto espiritual.

Pregunta No. 2: ¿Cuál es la lección principal que debe aprender un adulto?

En pocas palabras: *asumir la responsabilidad*. Ya hemos visto que, durante los años turbulentos de la adolescencia, puedes ser tu peor enemigo. Tienes que superar muchos cambios, pero en la etapa de la adultez, asumir la responsabilidad te muestra que te estás convirtiendo en tu mejor amigo... que estás creciendo... que estás dando el próximo paso. Ésa fue la experiencia de Pablo. Apenas escribió acerca de seguir adelante a la perfección en Cristo, añadió: "No, amados hermanos, no lo he logrado, pero me concentro únicamente en esto: olvido el pasado y fijo la mirada en lo que tengo por delante, y así avanzo hasta llegar al final de la carrera para recibir el premio celestial al cual Dios nos llama por medio de Cristo Jesús" (Filipenses 3:13-14 NTV). Y añade que la gente espiritualmente madura debería estar acuerdo y comprometerse con esto (Filipenses 3:15-16 NTV).

Por lo tanto, sabes que eres un adulto espiritual cuando has asumido toda la responsabilidad de tu vida espiritual. No culpas a otros por lo que te sucede en la vida. No usas a otros como chivos expiatorios por tus errores y fracasos. Por el contrario, continúas hacia adelante y edificas sobre el lugar donde has estado. Peleas las batallas y sigues remando en la tormenta. La adultez tiene muchas demandas, pero todas comienzan cuando asumes la responsabilidad de tu vida, de tus decisiones y de las consecuencias que resultan de ellas.

Son muchos los enemigos que confrontaremos, pero si continuamos creciendo y nos mantenemos cerca de Dios, no hay por qué temerlos.

Son muchos los enemigos que confrontaremos, pero si continuamos creciendo y nos mantenemos cerca de Dios, no hay por qué temerlos. Así como el guerrero David, podemos estar confiados aun en los peores momentos: "Dispones ante mí un banquete en presencia de mis enemigos. Has ungido con perfume mi cabeza; has llenado mi copa a rebosar" (Salmo 23:5).

Como seres humanos creados en Su imagen, Dios nos ha dado el poder para elegir, pero como seguidores de Cristo, también nos dio el poder de la sangre de Jesús para recibir perdón y sanidad. Además nos da Su Espíritu para empoderar nuestra vida. Y nos da el poder de Su Palabra para que podamos alinear nuestra vida con la verdad de Su Palabra y encontrar mayor libertad. Todos Sus dones que generan poder nos permiten como adultos espirituales llegar a ser vencedores en las batallas de la vida.

Pregunta No. 3: ¿Qué encontraré cuando entre en la batalla?

Hablando de la batalla, ésa es una imagen que puede producir miedo cuando la consideramos. No estamos hablando de una pelea limpia contra carne y sangre; nuestro enemigo espiritual tratará de acercase sigilosamente y crear divertimientos estratégicos para alejarnos del camino y de la voluntad de Dios. Tan pronto como Jesús comenzó su ministerio público como adulto, libró una batalla espiritual en el desierto cuando enfrentó al astuto tentador y tres poderosas tentaciones. Tú también serás tentado y te enfrentarás al mismo enemigo espiritual: el maligno, el mentiroso, el acusador, el engañador, el maestro de desvíos, distracciones y destrucción.

Setenta y dos de los Salmos —casi la mitad— mencionan enemigos. Nuestros enemigos no solo son los que se nos oponen personalmente, sino que incluyen a los que se oponen al estilo de vida de Dios. Si no tenemos cuidado, nos convertiremos en nuestros propios enemigos. El tentador envuelve con mentiras los buenos regalos de Dios y luego los distorsiona, encauzándolos hacia el egoísmo, la autocomplacencia y la autodeterminación. Poco a poco, el yo, y no Dios, se convierte en el centro de nuestra vida. Lo permitimos porque nuestra naturaleza pecaminosa caída ya cree eso y lo desea. Comenzamos a pensar, *Tengo que ponerme en primer lugar,* olvidando que al principio, en la etapa de bebé, decidimos que Dios está en primer lugar, no tú y yo.

Cuando esto sucede, caemos a los pies de la mentira. Y es solo una de las muchas trampas y tentaciones en las que podemos caer. Luego, tan pronto como erramos o nos distraemos, o somos engañados por una de esas trampas del maligno, él nos añade la carga de culpa, vergüenza, miedo y duda. Entonces, te ves tentado a enterrar esas emociones con las drogas, el alcohol, el sexo, el dinero, el éxito, la lujuria, el poder, la avaricia o la ira.

Por eso, es tan importante la armadura de Dios. Puedes revisar cada una de sus partes en el capítulo anterior (o en Efesios 6:10-17), pero recuerda que es el cinturón de la verdad el que mantiene todo lo demás en su lugar. Jesús usó la verdad de Dios para resistir la tentación en el desierto (Mateo 4:1-11), y es lo que nosotros necesitamos usar también. Cuando eres acosado por la tentación, nadie puede pelear esa batalla por ti. La responsabilidad es tuya.

Pregunta No. 4: ¿Cómo crezco para convertirme en un vencedor espiritual?

Esta respuesta ya la sabes. La aprendiste en tu niñez espiritual, aunque ahora, en este nivel de adultez espiritual, asumes más que nunca la responsabilidad de aplicar estas verdades. En síntesis, la respuesta está en estas tres palabras: *cree, recibe* y *logra*. Hagamos un resumen breve.

Cree—Tú crees la Palabra de Dios, sobre todo con respecto a la muerte y resurrección de Cristo. Mientras sigues atravesando las etapas de crecimiento espiritual, tu convicción se demuestra más y más por tu confianza en Dios y disposición a obedecerlo. Como adulto, te das cuenta de que la obediencia total requiere nada menos que una muerte: "He sido crucificado con Cristo, y ya no vivo yo, sino que Cristo vive en mí. Lo que ahora vivo en el cuerpo, lo vivo por la fe en el Hijo de Dios, quien me amó y dio su vida por mí" (Gálatas 2:20). En otras palabras, Pablo dice: "No solo Jesús murió por mí; yo morí con Él, y ahora, estoy muerto al pecado por causa de Su muerte, sepultura, y resurrección". Las batallas espirituales que peleas como adulto incluyen esta lucha continua de permitir que Cristo reine en tu vida, y un morir diario de nuestro yo. Jesús dijo: "Si alguien quiere ser mi discípulo, que se niegue a sí mismo, lleve su cruz cada día y me siga" (Lucas 9:23). Cuando dijo eso, todos sabían que el único motivo para cargar una cruz era para morir sobre ella.

Recibe—Porque ya no vives tú, sino que Cristo en ti, recibes el poder de la resurrección. Dios te creó como un individuo singular y te dio dones y talentos especiales. "Morir a uno mismo" no significa perder todo eso. Mi naturaleza pecadora murió en Cristo, pero mi personalidad, mi individualidad y mi autonomía están aún muy presentes y son muy reales en Cristo, que vive en mí. Yo soy el guante, Él es la mano que controla. Yo soy el cable, Él es la fuerza que fluye a través de mí hacia mi mundo. Yo recibo lo que Él me da, y al hacerlo, experimento plenitud en mi vida a causa de la vida de Cristo.

Logra—Solo después de creer y recibir soy capaz de lograr hacer la voluntad de Dios. Solo después de permitir que la fe y el amor de Cristo se manifiesten en mí, puedo decidir hacer y cumplir Su voluntad en mi vida, en mi matrimonio y familia, en mi vocación, en mi carrera y en mi ministerio.

Solo después de creer y recibir soy capaz de lograr hacer la voluntad de Dios.

Pregunta No. 5: ¿Y si fracaso? ¿Qué sucederá entonces?

La pregunta no es "¿Qué sucederá si fracaso?", sino que debería ser "¿Qué sucederá *cuando* fracase?". Eso va a suceder. Puedes contar con ello. Pedro estaba absolutamente seguro de que estaba dispuesto a morir por Cristo, y a la mañana siguiente lo negó tres veces (Mateo 26:31-35;

69-75). Ése fue su último recuerdo antes de que muriera Jesús . Pero después de resucitar, Jesús llamó a Pedro aparte y le preguntó tres veces: "¿Me amas?" (Juan 21:15-19). ¿Por qué? Porque Jesús estaba ayudando a Pedro con delicadeza y firmeza a que asumiera la responsabilidad de su fracaso. Estaba invitándolo a entrar en su adultez espiritual. Y cada vez que Pedro contestó la pregunta, Jesús le dio una tarea: alimenta mis ovejas, alimenta mis corderos, cuida de otros. Ése es el enfoque de la adultez espiritual: asumir la responsabilidad y *hacer* algo.

¿Cómo nos guía Cristo de la adolescencia espiritual a la adultez? Él nos llama a asumir la responsabilidad de nuestros fracasos pasados y de nuestro futuro haciendo la voluntad de Dios porque lo amamos. Así como le recordó a Pedro, un adulto espiritual no vive solo para *sí*. Asumir la responsabilidad de nuestro propio crecimiento es otro paso hacia delante para convertirnos en líderes confiables que se reproducen a favor de otros. Quizás es ahí donde Dios te tiene hoy, no solo conectado a un grupo ya existente, sino considerando tal vez ser líder de un grupo nuevo donde seas responsable no solo de ti mismo, sino también de ayudar a otros. Si es así, no descartes la idea, pues suena como la crianza de hijos espirituales, la etapa que veremos en el próximo capítulo.

LAS PÁGINAS DE LA AVENTURA

El plan de vuelo del piloto

1. ¿Cuándo dirías que, oficialmente, llegaste a ser adulto? ¿Qué circunstancias te llevaron a tomar esa decisión?

2. ¿Hasta qué punto has logrado la etapa de adultez espiritual, de responsabilizarte de tu fe y crecimiento continuo?

3. ¿Qué batallas espirituales has librado en este tiempo? ¿Crees que estabas lo suficientemente equipado con la armadura y la espada del Espíritu (la Palabra de Dios) para pelear? Si no fue así, ¿qué te faltó?

4. ¿Qué piensas que quiso decir Jesús cuando dijo: "Sean perfectos... como su Padre en el cielo es perfecto"?

5. ¿Tienes miedo de fracasar si asumes la responsabilidad de dar un paso e intentar tareas nuevas y más desafiantes para Dios? ¿Por qué? ¿Qué es lo peor que puede suceder? ¿Qué es lo mejor que puede suceder?

Correcciones de rumbo

Si solo haces una cosa, haz lo siguiente: Escribe cuál es tu responsabilidad (en relación a tu salud espiritual, relacional, emocional y financiera), y cuál no es tu responsabilidad.

El diario del comandante de vuelo

Si estás ayudando a un adulto espiritual a crecer, te sugiero:

- Una de las tareas más importantes de los adultos es definir con claridad sus responsabilidades. No presumas que la persona a la que ayudas tiene comprensión de esta área. Toma tiempo para anotar las responsabilidades... y los límites de las responsabilidades.

- Ayúdalo a determinar la causa de su conflicto y confusión. ¿Viene de la tensión entre el llamado de Dios y el encanto de la cultura? ¿Viene de los malos hábitos o las presunciones falsas que están enterradas en lo profundo de su corazón? ¿O es un ataque espiritual genuino? (En la mayoría de los casos, es una combinación de los tres).

- Para muchos, el fracaso es traumático. No pueden simplemente "desestimarlo", porque para ellos demuestra que son defectuosos. Si la reacción de la persona es desproporcionada con respecto al acontecimiento, examina esa percepción y emoción, y vuelve a enfatizar el mensaje del amor y la gracia de Dios.

OCTAVA ETAPA

REVIVIR EL MAR MUERTO

LOS PADRES

"Nunca es tarde para tener una niñez feliz".

—Randall Wallace, autor de *Braveheart*

Como estudiante de primer año en la Universidad de Arizona del Norte, tomé un curso llamado Introducción a la Educación. Una de mis tareas era escribir un ensayo acerca de la persona más importante en mi vida. Decidí escribir acerca de Jesucristo, dado que acababa de cambiar mi vida profundamente: cómo lo conocí, cómo experimenté la libertad de la culpa para descubrir un nuevo propósito y una nueva paz en mi vida, y por qué Él es la persona más importante de mi vida como mi Salvador y Señor. El día que el profesor nos devolvió el trabajo dijo: "Quiero que dos de ustedes lean su ensayo en voz alta a la clase". Llamó primero a otro alumno, y luego dijo: "Señor White, usted es el próximo".

De pronto, me asusté. Creo que tenía miedo de ser rechazado o ridiculizado. Aun el recuerdo de aquel día hace que me suden un poco las manos. Pero oré con un versículo que había memorizado: "No me avergüenzo del evangelio, pues es poder de Dios para la salvación de todos los que creen: de los judíos primeramente, pero también de los gentiles" (Romanos 1:16). Varias veces repetí el versículo hasta que el profesor me llamó y luego leí lo que había escrito acerca de mi experiencia con Cristo.

El aula estaba callada. Al terminar, él simplemente dijo: "Gracias". No hubo debate.

Pero al terminar la clase, un amigo llamado Toby se acercó y me preguntó: "¿Me puedes dar una copia de lo que acabas de leer? Nunca he oído algo así y quiero leérselo a mis padres". Yo solo había escrito lo que era recibir el amor y el perdón de Jesús, cómo estaba aprendiendo a orar, y cómo me hacía sentir. Ahora Toby se lo iba a leer a su familia. ¿Sabes lo que Dios me estaba enseñando? En retrospectiva, ese momento es probable que haya sido mi primera experiencia como padre espiritual... avanzando hacia la próxima etapa de mi camino espiritual. A lo mejor no te hayas dado cuenta todavía, pero ahora Dios quiere ayudarte a crecer al brindar Su vida a otras personas.

A lo mejor no te hayas dado cuenta todavía, pero ahora Dios quiere ayudarte a crecer al brindar Su vida a otras personas.

Ezequiel va a nadar

Una de las partes más memorables de cualquier viaje a Israel es visitar el Mar Muerto. Es la elevación más baja de la tierra, unos 430 metros bajo el nivel del mar. Es también una de las masas de agua más saladas, nueve veces más salada que el océano. Nuestro grupo de turistas disfrutó caminar por el agua y flotar sobre la superficie porque el agua es tan densa que casi todo flota sobre ella.

¿Por qué se lo llama el "Mar Muerto"? Por dos razones. Primero, es tan bajo que lo que entra no sale, así que es un callejón sin salida para el flujo del agua. Y segundo, es tan salado que nada puede vivir en él. De alguna manera, el Mar Muerto es un símbolo claro de gente que vive sin reconocer a Dios. Carecen de vida espiritual. No tienen vida eterna. De hecho, "muerto" es el término preciso que usa la Escritura para describir nuestra vida antes de nacer de nuevo y ser renovados al recibir la vida de Dios en Cristo.

La Biblia dice que cuando tú y yo estábamos lejos de Cristo, siguiendo los caminos del mundo, estábamos *muertos* en nuestras transgresiones y pecados, en nuestras desobediencias, y en nuestro egoísmo (Efesios 2:1-2). Cuando se trataba de conocer a Dios —de sentirlo, oírlo y percibirlo— éramos sordos, ciegos e insensibles. Estábamos muertos. Y los muertos no tienen expectativa o manera de experimentar la vida *eterna*. Esta verdad no solo se aplica a ti, sino a tu cónyuge, a tu novia o novio, a tus hijos, a tus amistades, a tu jefe, y a toda persona que conoces que está vivo biológicamente. La muerte espiritual es una pandemia mucho más prevalente y devastadora que COVID-19. ¡Muchos viven "vidas de Mar Muerto" y necesitan con desesperación una nueva vida! Yo estaba muerto, y no lo sabía hasta que conocí al Señor.

Si el Mar Muerto es el símbolo de la vida lejos de Dios, ¿qué es lo opuesto? ¿Qué símbolo captura y comunica la vida que fluye enteramente con la vida en Dios y que está inmersa en Él? En Ezequiel 47, tenemos una visión fantástica que ilustra esa realidad. A lo largo de su vida, Ezequiel tuvo varias visiones. En ésta, lo acompañaba un guía celestial con una vara de medir (Ezequiel 40:1-4). El ángel había medido varias de las habitaciones del Templo, y cuando lo llevó afuera a Ezequiel, el profeta vio una gran correntada de agua que salía del templo, formando un río. El ángel usó la vara para marcar 1000 codos (533 metros) y entró en el río con Ezequiel, donde el agua llegaba a los tobillos. Otros 1000 codos adentro, y el agua llegaba a la rodilla. Después de 1000 codos más, el agua le llegaba a la cintura. Otros 1000 (unos 2100 metros —más de dos kilómetros— río adentro) y el agua no solo era lo suficientemente profunda para nadar, sino que se había convertido en un río que nadie podía cruzar.

El guía celestial le preguntó a Ezequiel: "¿Lo has visto, hijo de hombre?" (Ezequiel 47:6). En otras palabras, "Esto es importante, ¡no te lo pierdas!". Cuando regresaron a la ribera, Ezequiel vio muchos árboles frutales a ambos lados del río. El ángel le explicó que el agua del santuario permitía que los árboles produjeran fruto de toda clase todo el año, y que los árboles proveerían alimento y sanidad.

Además, "por donde corra este río, todo ser viviente que en él se mueva vivirá. Habrá peces en abundancia". Aun mejor es hacia *dónde* fluye el río y cuáles serán los resultados. El ángel le dijo a Ezequiel: "Estas aguas fluyen hacia la región oriental, descienden hasta el Arabá [el Valle del Jordán que va hacia el sur desde el Mar de Galilea], *y van a dar al Mar Muerto.* Cuando desembocan en ese mar, las aguas se vuelven *dulces*" (Ezequiel 47:8-9, énfasis añadido).

El ángel le había dicho a Ezequiel: "Abre los ojos y presta atención a todo", y "anda luego y comunícale a Israel todo lo que veas" (Ezequiel 40:4). Pero esta visión imponente no era solo para Israel hace miles de años; es para ti, para mí y para todos nosotros.

Tu vida de Mar Muerto es tan complicada y ha sido tan insensibilizada por el pecado que nada parece tener vida y esperanza. Pero no es así. Hay un río que fluye de una fuente muy diferente: la presencia de un Dios que ama y perdona. El río de agua viva de Dios está fluyendo, haciendo todo nuevo y limpiándolo todo, sobrepasando la muerte y el pecado y su influencia sobre ti. ¡Hace que estés llenos de vida para llevarla y compartirla!

Los muertos y los vivos

Permíteme hacerte las preguntas que le hicieron a Ezequiel: "¿Lo ves?". Muchos se lo pierden. Los muertos espirituales andan por el mundo como zombis —ocupados, pero ajenos al sentido de la vida, la esperanza y el gozo—, pero Jesús quiere que todos nosotros estemos plenamente vivos. Él dijo: "¡Si alguno tiene sed, que venga a mí y beba! De aquel que cree en mí, como dice la Escritura, brotarán ríos de agua viva" (Juan 7:37-38). En este pasaje, la palabra *ríos* significa "torrentes; corrientes de agua que fluyen en gran cantidad ". En Su próxima oración, Jesús deja bien en claro que está hablando del Espíritu Santo, que trae vida y luego fluye y hace que los creyentes se conviertan en canales de la vida de Dios hacia el mundo.

Ahora, pongamos ese pensamiento junto a algo más que Jesús les dijo a sus discípulos poco después de resucitar: "Como el Padre me envió a mí, así yo los envío a ustedes" (Juan 20:21).

¿Cómo llamas a la gente que (1) da vida a alguien que nunca antes la tuvo, y (2) los prepara y capacita para actuar con independencia en el mundo y finalmente seguir en su lugar? Creo que Jesús describe y demuestra las funciones de un padre o una madre, es decir, de los padres espirituales.

Hasta ahora, hemos pasado por siete etapas para llegar a la adultez espiritual, pero sospecho que a esta altura tal vez haya algunas quejas. Algunos lectores pueden pensar: *Te he seguido hasta ahora porque me puedo identificar con todas las etapas. Pero ahora, no me siento identificado porque nunca he sido un padre o una madre en el sentido biológico.*

¡Buen punto! Todo el que llega a ser un adulto *biológico* es primero un recién nacido, un bebé, un niño pequeño, un niño, un preadolescente y un adolescente. Pero no todo adulto se convierte en padre, abuelo o padrino. Pero en este caso, el desarrollo espiritual va más allá del desarrollo biológico porque todos podemos seguir creciendo a través de todas las etapas *espirituales*. Es más, el crecimiento espiritual exige que continuemos más allá de la etapa de adultos. Hasta ahora, nos hemos enfocado más que nada en nuestro propio crecimiento espiritual. Y hemos mencionado la importancia de la comunidad y los mentores, y las personas que influencian desde afuera, pero el énfasis ha estado sobre tu propio crecimiento, no el de ellos.

Aquí es donde cambiamos de rumbo. Salimos a este mundo espiritualmente muerto para compartir la fuente de vida, y empezamos a invertir lo que hemos aprendido en las vidas de otros creyentes "jóvenes" que están en sus etapas más tempranas. ¿Qué diferencia hay entre un adulto espiritual y un padre o una madre espiritual? Ambos llegan a la madurez, pero el padre o la madre también dirige su atención a otra generación de hijos espirituales.

De ahora en adelante, dejaremos de hacer comparaciones biológicas y hablaremos solo de crecimiento espiritual, aunque lo haremos en el contexto de la vida familiar, recordando que la "familia" se extiende mucho más allá de las relaciones de carne y hueso.

Permitirás que Dios te use para ayudar a alguien a encontrar y seguir a Cristo.

Si quieres seguir creciendo y alcanzar todo el potencial en Cristo que Dios te ha dado, pasarás por la etapa de adulto y entrarás en la etapa de la crianza de los hijos espirituales. Permitirás que Dios te use para ayudar a alguien a encontrar y seguir a Cristo. Muchos andan por ahí entreteniéndose con la fe y el crecimiento espiritual, pero un padre o una madre espiritual confiable es difícil de encontrar. Cuando Pablo escribió a la iglesia disfuncional en Corinto, les recordó: "De hecho, aunque tuvieran ustedes miles de tutores en Cristo, padres sí que no tienen muchos, porque mediante el evangelio yo fui el padre que los engendró en Cristo Jesús. Por tanto, les ruego que sigan mi ejemplo" (1 Corintios 4:15-16). Pablo les dice a los corintios que ellos habían nacido de nuevo por la gracia de Dios y por medio de él. En otras palabras: "¡Yo soy el papi espiritual de ustedes!".

¿Es una tarea demasiado grande?

El primer llamado que Jesús hizo a sus discípulos fue: "Vengan, síganme, y los haré pescadores de hombres" (Mateo 4:19). El último fue: "Por tanto, vayan y hagan discípulos de todas las naciones, bautizándolos en el nombre del Padre y del Hijo y del Espíritu Santo enseñándoles a obedecer todo lo que les he mandado a ustedes" (Mateo 28:19-20). Ambos son llamados para llegar a ser padres o madres espirituales. Él estaba exhortando a Sus seguidores a que vieran más allá de sus propias preocupaciones y crecimiento espiritual y, al hacer eso, les prometió enseñarles a vivir una vida que supera la de ellos mismos. Él quería que vieran que podían convertirse en un medio inspirador de salvación y vida para otros.

Dos mil años después, éste sigue siendo el plan de Dios para nuestro mundo que, como el Mar Muerto, no tiene vida. Mira a tu alrededor. ¿Ves a mucha gente viviendo vidas espirituales abundantes? ¿O ves un planeta como el Mar Muerto, poblado de personas sin vida, cuyas relaciones y matrimonios están muertos, como también su religión legalista y moralista? Es gente apartada de Dios, muerta en sus transgresiones, y atrapada en sus errores pasados.

¿Has clamado a Dios alguna vez para que dé nueva vida a los muertos espirituales en tu familia, hogar, vecindario, ciudad, país y mundo? ¿Te preguntas si Dios tiene un plan para alcanzar a toda esa gente? Después de todo, va a llevar mucho tiempo cambiar el mundo.

Sí, Dios tiene un plan... y tú lo estás experimentando. ¿Cómo viste *tú* la luz y la verdad de Dios mientras aún vivías en tu Mar Muerto? ¿No fue porque alguien, en algún momento, se preocupó lo suficiente para orar por ti, quedarse contigo, escucharte y amarte? ¿No te compartió alguien su historia de cómo recibió el amor de Dios en Cristo, y confió en Dios con respecto al perdón de sus pecados , y se volvió de sus caminos egoístas y sin vida, permitiendo que Su Espíritu cobrara vida en él o ella? A propósito, eso es lo que representa el bautismo por inmersión: sepultar nuestra mentalidad de Mar Muerto y resucitar a una nueva vida para comenzar una relación viva y próspera con Dios.

El plan de Dios no es traer instantáneamente el agua vivificadora de Su Espíritu a todos en nuestro mundo sin vida a través de una intervención poderosa. No lo hace por medio de la educación secular, el gobierno, las elecciones, las demostraciones, ni siquiera por medio de las publicaciones en las redes sociales. El plan de Dios es hacerlo de persona a persona, una a la vez. Él usa a gente para construir puentes relacionales que permiten que Su vida fluya a los que están a nuestro alrededor. Él cambia el mundo cambiándote a ti.

Hasta ahora, hemos visto cómo Él te cambia a ti a través de todas las etapas, de recién nacido a niño, y de niño a adulto. Ahora es tiempo de que te conviertas en un padre o una madre espiritual para otros. Es el próximo paso para alcanzar el potencial que Dios te ha dado.

Una experiencia más profunda

Consideremos otra vez la visión de Ezequiel. Él nos muestra un increíble torrente de agua milagroso que fluye del templo de Dios y da vida por dondequiera que pasa. Ese río sigue fluyendo, pero en vez de agua, ahora el río es el Espíritu Santo. Y en lugar de un edificio material, el templo desde donde fluye el Espíritu Santo eres tú. Pablo nos recuerda: "¿Acaso no saben que su cuerpo es templo del Espíritu Santo, quien está en ustedes y al que han recibido de parte de Dios?" (1 Corintios 6:19).

Tu vida ahora es ese canal por donde fluye el río. El río es símbolo de tu crecimiento y de tu continua madurez espiritual a medida que te metes en aguas más profundas:

Hasta los tobillos

Comienzas a caminar en el Espíritu. Esto es lo que empezamos a aprender y hacer durante nuestra serie de etapas fundacionales de la niñez. No vas a ningún lugar con Dios sin aprender a caminar en el Espíritu. No avanzamos hasta aprender a seguir el ritmo del Espíritu (Gálatas 5:25). De eso se trata la obediencia fiel.

Hasta las rodillas

Esto consiste en la oración y comunión diaria con el Espíritu Santo. Aprendemos a seguir las indicaciones de Dios en nuestras conversaciones diarias, y a pedirle que se haga Su voluntad en la tierra como en el cielo. Al entrar en la adolescencia y adultez espiritual, nos vestimos con la armadura de Dios y avanzamos con Su poder en nosotros mientras nos aproximamos al campo de batalla. Inmediatamente después de que Pablo enumera las partes de la armadura, nos instruye: "Oren en el Espíritu en todo momento, con peticiones y ruegos. Manténganse alerta y perseveren en oración por todos los santos" (Efesios 6:18). Primero, nos ponemos toda la armadura de Dios. Luego, pedimos que el reino de Dios avance y

Su voluntad se haga en la tierra como en el cielo. Y entonces el Espíritu puede fluir a través de nosotros para dar vida a otros.

Hasta la cintura

Aquí es donde los adultos espirituales se convierten en padres espirituales. Es el tiempo de reproducción espiritual. Es cuando aprendes a amar a otros de tal manera que interactúas con ellos, los escuchas y permites que el Espíritu Santo te ayude a compartir tu fe. Aprendes en qué momento aplicar el relato del evangelio a su necesidad para que puedan orar, recibir la vida de Dios y tener vida en Él. ¿Hay alguien que haya sido vivificado en Cristo por causa de ti? Creyente guerrero, ¿has dado a luz por la gracia de Dios a otros guerreros en potencia? ¿Estás inspirando a nuevos vencedores, compartiendo la esperanza que Dios te ha dado?

A veces, pensamos: *No están interesados. Están muy endurecidos. O, tal vez: Hay demasiados obstáculos en su vida ahora mismo.* O quizás: *No tengo confianza para poder responder todas sus preguntas (y estoy seguro de que serán preguntas muy difíciles).* Escucha, hermano o hermana, para Dios no hay nada difícil. A medida que maduras, te irás dando cuenta de que en este mundo la gente está lejos de Dios. Ellos viven en la oscuridad. Viven vidas semejantes a la condición del Mar Muerto, así que para ellos es poco realista tener la esperanza de tener o encontrar agua fresca. Pero esto no impide que el agua fresca del Espíritu de Dios fluya de nosotros hacia ellos de una manera que les permita experimentar la vida y el crecimiento. "¡Cuán hermosos son los pies de los que anuncian la paz, de los que anuncian buenas nuevas!" (Romanos 10:15 RVR60).

Sumergido por completo

Nota que el ángel le dijo a Ezequiel que continuara hasta encontrarse en aguas tan profundas que había que nadar...y lo suficientemente lejos para darse cuenta de que era imposible cruzar el poderoso río. Fue entonces que le preguntó: "¿Lo has visto?". A medida que el Espíritu de Dios sigue fluyendo a través de nosotros y llenándonos, dejamos nuestros temores y nuestras inhibiciones con respecto a alcanzar a otros. Ver cómo Dios obra y participar en la experiencia de formar a otros es como un baño refrescante en un día abrasador. (En la décima etapa consideraremos de nuevo el texto de Ezequiel).

Los críticos y otros obstáculos

Hasta ahora, hemos seguido las etapas de la madurez y el crecimiento espiritual, pero resulta claro que no todos eligen pasar por ellas. Algunos no quieren tener arte ni parte con Dios. Con frecuencia, alguien empieza el proceso y al final llega al punto donde pierde el interés, se desalienta, rebela, o simplemente no está dispuesto a comprometerse a seguir creciendo.

Pensando en esto y en todas las conversaciones que he tenido a través de los años con gente que todavía no ha conocido a Cristo, he creado una lista para diferenciar algunas de las razones por las cuales ellos resisten el crecimiento espiritual. No son categorías fijas, sino etapas de incredulidad de las que he sido testigo:

- El apático espiritual. Cuando se trata de las cosas de Dios, algunos tienen una dureza de corazón que los deja sin emociones y empatía. Yo mismo estuve ahí por un tiempo.

- El ateo hostil. Quizás "hostil" sea una palabra demasiado fuerte, pero tal vez te hayas encontrado con personas que insisten en que Dios no existe y parecen hacer todo lo posible para discutir con vehemencia su punto de vista. Son agresivos. Se oponen abiertamente y hasta ridiculizan la fe.

- El ateo racional. Este grupo también está convencido de que Dios no existe y tiene ansias de debatir y discutir el tema. Sin embargo, en vez de enojarse y ser hostiles, prefieren un abordaje calmo y razonado.

- El agnóstico terco. Aquí tomo prestados algunos términos de J. Edwin Orr, quien dijo que solo hay dos tipos de agnósticos: los tercos y los honestos. Los tercos dicen: "No sabemos si hay un Dios porque nadie lo puede saber". Esto me hace preguntar: "Y, ¿cómo lo sabes? ¿Habrá alguien tan inteligente que pueda estar seguro de que no hay Dios?".

- El agnóstico honesto. Él dice: "No estoy seguro de si Dios existe, pero eso no significa que sepa que tú no lo sabes, y tampoco significa que Dios no exista. Solo que hasta ahora no lo he encontrado en mi experiencia y estudio personal".

- El agnóstico abierto. Es alguien que aún no ha tenido un encuentro personal con Dios pero está abierto a la idea. De hecho, este grupo a menudo está dispuesto a conversar sobre el tema.

- El buscador. La gente en esta categoría siente que hay más de Dios y de la fe de lo que ellos han descubierto hasta el momento. Yo estuve con buscadores en diferentes fases de su recorrido: algunos un poco curiosos, otros están abiertos a la conversación, e incluso otros activamente buscando, y otros tratando de creer. (Esta última categoría incluye al padre que acudió a Jesús buscando la sanidad para su hijo, y dijo: "Creo; ayuda mi incredulidad" (Marcos 9:24 RVR60).

Estas categorías generales no son de ninguna manera despectivas; solo me ayudan a determinar qué preguntas hacer para ayudar y qué necesidades tienen otros que a lo mejor yo pueda tratar. Quiero responder con tacto a cualquiera en mi vida que pueda ser receptivo a la vida y el amor de Dios.

Pedro nos desafía a estar siempre listos para explicar la esperanza que tenemos en Cristo *a todo* el que pida razón de ella (1 Pedro 3:15). Creo que nos está diciendo que estemos siempre preparados para convertirnos en padres o madres espirituales, para ayudar a la gente a encontrar a

Cristo, y permitir que Dios nos use para ayudar a otra persona a encontrar la vida del Espíritu y reproducirse en el Espíritu.

Una vez, tuve una conversación con un hombre que parecía ser un ateo difícil; no necesariamente *hostil*, pero sí muy seguro y un poco intimidante. Tuvimos una conversación honesta y abierta. Cuando me dijo que era ateo, le hice una pregunta: "¿Qué porcentaje crees que tienes de pleno conocimiento? ¿Cincuenta por ciento? ¿Treinta por ciento?".

Él dijo que no estaba seguro, así que continué. "He oído decir que Einstein decía que solo entendía un cinco por ciento del conocimiento pleno. Déjame preguntarte de nuevo: De todo lo que puede conocerse, ¿qué porcentaje crees conocer?"

Esta vez, contestó: "Quizás uno o dos por ciento".

Entonces le plantee lo siguiente: "¿No es razonable que Dios pueda existir en algún lugar del 98 por ciento que tú no conoces?".

Él respondió: "Sí, eso tiene sentido".

A esa altura, reconocimos que él no era un ateo, sino un agnóstico. No era que él no creía que Dios *pudiera* existir, sino que no lo sabía de manera personal. Entonces retomé la conversación: "He oído decir que hay dos tipos de agnósticos, y me pregunto cuál serás".

Le expliqué la diferencia entre el agnóstico terco y el honesto, y me dijo: "Creo que soy honesto. No es que crea que es imposible conocer a Dios pero, hasta este momento de mi vida, no sé si hay un Dios".

Entonces le expliqué que la manera en que llegamos a conocer a las personas es cuando ellas se dan a conocer a nosotros, así como él y yo nos estábamos conociendo. Entonces le dije que era eso lo que Jesús estaba haciendo por nosotros: dar a conocer a Dios para que lo pudiéramos conocer como nuestro Padre celestial. En ese momento, él abruptamente dijo: "Yo no quiero un padre". Me di cuenta de que hablaba desde su dolor, un dolor familiar con el que muchos de nosotros estamos familiarizados. Pero concordamos que hay una gran diferencia entre declarar "Dios no existe" y decir "Yo no quiero un padre". Estoy agradecido por su honestidad intelectual y por dejarme ser parte de su recorrido: de lo que él pensaba que era el ateísmo intelectual a entrar en un espacio de mayor sinceridad relacional. A menudo, la gente está abierta a conversaciones así. Nosotros necesitamos estar abiertos para iniciarlas.

La reciente pandemia mundial ha hecho que éste sea un tiempo oportuno para iniciar esas conversaciones. ¿No has visto fracasar a los ídolos muertos de nuestra cultura en su intento de proveer el agua dulce y vivificante y las soluciones espirituales que necesitamos? Algunos adoran los deportes y el entretenimiento, pero esos medios se han limitado o cancelado. Otros adoran el dinero y la economía, y ahora andan por caminos financieros inseguros. Algunos adoran el gobierno, la política y el poder pero, mientras escribo esto, estamos en medio de una agitada campaña electoral plagada de división y animosidad. Algunos adoran la ciencia, y aunque doy gracias a Dios por ella y oro por una vacuna con regularidad, no la adoro como a Dios. Los ídolos de la gente están derrumbándose a su alrededor, y gritan: "¿Dónde está la vida?". Solo Dios les puede dar la respuesta y lo hace por medio de nosotros, a través de la crianza de los hijos espirituales.

Paciencia y sincronización

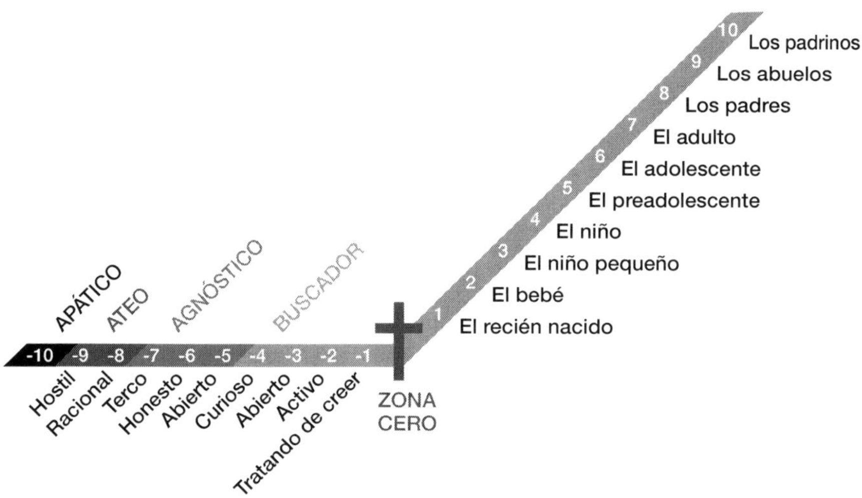

La mayoría de los padres saben que sus hijos (aun los mejores) no siempre responden bien a la dirección paterna. Es difícil comunicar verdades significativas a una chica que solo quiere estar con amigas, o cuya mente está en otro lugar, o cuando se acaba de pelear con el novio. Los padres sabios esperan el momento preciso para tener una conversación seria y significativa. Como una madre o un padre espiritual, lo mismo te puede suceder a ti.

Hace unos años, visité a un conocido en el hospital de Little Rock. Habíamos formado parte del mismo foro de debate sobre temas controversiales en varios almuerzos privados de negocios. El hombre a quien yo visité era un empresario político y líder en la comunidad. En varias ocasiones, había disfrutado ridiculizarme por mi fe, pero ese día le dijeron que su enfermedad era terminal y que no regresaría a su casa.

Tuve la oportunidad de compartir mi historia y explicarle que la muerte y resurrección de Jesús da vida eterna, gozo y esperanza a todos los que creen. Aquel día, no hubo burla de su parte. En su lecho de muerte, me preguntó sin rodeos: "¿Cómo puedo saber si voy al cielo?". Le dije que Jesús dijo que a todo el que lo negara delante de los hombres, Él lo negaría delante de su Padre en el cielo. Pero que a todo el que lo reconociera delante de los hombres, Él lo reconocería delante de su Padre (Mateo 10:32-33). Mi amigo gritó: "¡Lo reconozco! ¡Lo reconozco!".

Nunca lo olvidaré. Mientras orábamos, le pidió a Cristo que viniera a su vida, perdonara sus pecados y le diera vida eterna. Y yo tuve el privilegio de contar esta historia en su servicio fúnebre unos días después. ¿Sabes qué sucedió? Su vida de Mar Muerto revivió con el agua dulce y purificadora de Dios.

En su visión, Ezequiel vio el Arabá, la depresión geológica donde está el Mar Muerto. Fue ahí, en el lugar más bajo del planeta, con agua tan salada que nada puede vivir, donde el Señor iba a verter un río de agua dulce hasta llenarlo de vida. ¿Cuál es el mensaje? No hay nadie demasiado lejos de Dios si estamos dispuestos a canalizar Su vida hacia ellos. Así como Dios puede hacer que el Mar Muerto reviva, también puede resucitar a muertos espirituales que no han recibido todavía Su vida maravillosa...y Él te puede usar de esa manera.

En las primeras etapas de mi discipulado espiritual, aprendí una canción que me hace recordar el pasaje de Ezequiel:

Hay un río de vida que fluye en mí
Hace al ciego ver y al cojo andar
Al cautivo libra de la aflicción
Hay un río de vida que fluye en mí.[20]

Ésta es la canción de Dios para todos los creyentes. A medida que maduramos y crecemos para alcanzar Su plenitud, Él quiere que ese río de vida se convierta en un canal de desagüe que ofrece una nueva vida a un mundo muerto. Cuando dejamos que el río de Dios fluya y compartimos las buenas nuevas de Cristo con otros, Dios nos lleva al nivel de padre o madre espiritual. Puedes dejar que la luz de Dios brille a través de ti para traer gozo y dar vida a otros. ¿Eres ya un padre o una madre espiritual? Eso es lo que Dios planea para ti. Eso es lo que Él quiere que seas.

Entonces, ¿cuáles son tus próximos pasos hoy? Empieza con la oración. Piensa en el día que conociste al Señor y escríbelo. ¿Cómo te diste cuenta de tu necesidad? ¿Cómo oraste cuando le diste tu vida a Cristo? ¿Qué cambios has experimentado desde que decidiste recibir a Jesús?

Ora en el Espíritu y pide a Dios que te guíe. Entonces, date permiso para seguir sus indicaciones y hacer lo que Él ha puesto en tu mente. Disponte a compartir tu historia y confíale a Dios el resultado. Quizá te encuentres con algo de resistencia y algunos obstáculos en el camino, pero sigue adelante. Si te sudan las manos, sécatelas y sigue avanzado. ¡Sigue creciendo!

Si esperas hasta creer que estás listo para hacerlo, es probable que no suceda.

Me han dicho que la experiencia más transformadora que un adulto biológico pueda tener es convertirse en padre o madre, y oigo a muchos padres decir: "Si esperas a estar listo para tener hijos, nunca los tendrás". Lo mismo creo acerca de compartir el evangelio. Si esperas hasta creer que estás listo para hacerlo, es probable que no suceda. Pero yo he descubierto que aprendes cómo hacerlo haciéndolo. Das el paso y el crecimiento espiritual que resulta de eso es, sin duda, transformador. No solo da vida a quien recibe las buenas nuevas, sino al mensajero también. Que el agua vivificante de Dios fluya en ti y a través de ti hoy. Y que percibas la sonrisa de Dios a medida que te conviertes en un canal de desagüe de Su vida hacia nuestro mundo, que está tan necesitado.

ETAPA	LECCIÓN
Los padrinos	
Los abuelos	
Los padres	Permite que Dios cambie tu mundo al cambiarte a ti. Disponte a llevar el agua vivificante a otros que, como el Mar Muerto, no tienen vida.
El adulto	Responsabilízate de tu propia vida espiritual. Llénate con toda la medida de la plenitud de Cristo.
El adolescente	Desarróllate. Vístete de la armadura espiritual de Dios, asume el guerrero que hay en ti, y únete a la batalla.

El preadolescente	Descubre quién eres: tu identidad en Cristo, dónde perteneces y tu destino para cumplir la voluntad de Dios.
El niño	Pon el conocimiento en acción. Obedece a Dios con una fe activa.
El niño pequeño	Aprende a caminar en fe y habla con Dios a través de la oración mientras creces con Dios y otros en comunidad.
El bebé	Recibe el cuidado y la atención de tu amoroso Padre celestial y de otros "padres" espirituales que quieren ayudarte a crecer.
El recién nacido	Nace de nuevo y recibe la nueva vida maravillosa que Dios te da.

LAS PÁGINAS DE LA AVENTURAS

El plan de vuelo del piloto

1. ¿Qué experiencias has tenido hasta ahora, si alguna, como padre o madre espiritual? ¿Cuáles fueron los resultados? ¿Has dejado pasar alguna oportunidad por miedo a no saber cómo proceder?

2. ¿Cuál dirías que es tu nivel actual de madurez espiritual y tu participación en el fluir del agua o Espíritu de Dios en tu vida? ¿Estás metido hasta los tobillos, las rodillas, la cintura o sumergido por completo? ¿Crees que estás listo para ir más profundo? Explica tu respuesta.

3. ¿Has tenido alguna conversación difícil o desafiante con ateos o agnósticos? ¿Qué dirías o harías de manera diferente la próxima vez?

4. ¿Cómo has visto a las personas responder a toda la incertidumbre actual de la vida, cuando ven que sus "ídolos" se derrumban tras la pandemia? ¿Ves oportunidades de iniciar conversaciones de vida y esperanza durante estos tiempos?

5. ¿Cómo puedes ver a Dios cambiar el mundo al cambiarte a ti?

Correcciones de rumbo

Si solo haces una cosa, haz lo siguiente: En tu teléfono, en el espejo del baño, en la computadora o en cualquier lugar que mires con regularidad, escribe el nombre de tres personas que te han venido a la mente mientras leías este capítulo.

El diario del comandante de vuelo

Si estás ayudando a un padre o a una madre espiritual a crecer, te sugiero:

- Dialoga del paso de la incredulidad a la fe en Cristo, identifica el lugar de cada nombre en la lista de la persona, y haz un plan para establecer el contacto.

- Ora con él o ella por las tres personas en la lista.

- Comparte algunas herramientas o estrategias de comunicación que te hayan ayudado a presentar el evangelio de manera más clara a las personas en tu vida.

NOVENA ETAPA

EL TIEMPO DE LA DULZURA

LOS ABUELOS

"No existe éxito sin sucesor".

—Peter Drucker

Me convertí en abuelo a regañadientes. No sabía qué esperar, pero recuerdo haber pensado: *No estoy listo para tener nietos. Eso es cosa de viejos. Todavía tengo montes que mover y dragones que matar. Todavía no he terminado con la vida.*

A decir verdad, nunca había pensado mucho sobre el asunto, y cuando al fin lo hice, no me interesaban mucho los resultados. No sé lo que te viene a la mente cuando oyes la palabra *abuelo,* pero para mí significaba envejecer, arrugas y largas horas en mecedoras. Pensé que comenzaría a despedir ese olor peculiar que siempre había asociado con mis abuelos. ¿Era ahora mi turno de ser llevado a la deriva y desaparecer en el crepúsculo mientras el resto del mundo me pasaba de largo?

De todas formas, pronto descubrí que no tenía voz ni voto en el asunto. El día llegó cuando me dijeron: "¡Eres abuelo!". Y ahora que he pasado por la experiencia más de una vez, creo que puedo hablar con autoridad. Cuando el día te llegue, si te llega, tengo seis palabras para ti: *Entra, que el agua está tibia.*

No lo vi venir. Algo pasó que no puedo explicar. Todo un nuevo nivel de alegría me tomó por sorpresa. Me enamoré, ¡y ahora por segunda vez! Mi nuevo pasatiempo es ser permisivo, llegar con regalos y asegurarme de que West y Cedar coman dos porciones de postre si quieren. Yo soy "Pop" (Pa) y mi esposa Lisa es "Lolli" (Leta) [en inglés *Lollipop* significa un paleta o dulce], es decir, que entre los dos somos Lollipop: la Paleta. Buscamos los nombres más cursi que pudimos encontrar, ¡y no me molesta! Por un tiempo, West no podía pronunciar la L, y temporalmente éramos Wowy y Papa.

Bueno, si tienes temores o inquietudes acerca de ser abuelo, no te preocupes. Entra que el agua está tibia. Sé que nuestra cultura idolatra la juventud y que algo en todos nosotros dice: "No quiero envejecer". Sé que ser adulto es caótico y complicado, que está lleno de desafíos, conflicto y ambigüedad. Pero también es una de esas cosas que solo aprendemos haciéndolas, como aprender a nadar. No aprendemos a nadar leyendo un libro, asistiendo a un curso virtual, o mirando un video en YouTube. Eso te puede preparar, pero si quieres aprender a nadar, te tienes que meter en el agua.

Los abuelos espirituales

Lo mismo sucede con la madurez *espiritual* en todos sus niveles. Ya hemos determinado que el propósito de Dios para ti no es que llegues a la madurez y dejes de crecer. No, hay más, pero en estas etapas superiores, necesitas ser más resuelto que nunca acerca de tu crecimiento espiritual. Es fácil dejar pasar las oportunidades que se presentan. Solo puedes continuar creciendo cuando eliges seguir expandiendo tu influencia y llevar tu liderazgo al próximo nivel. Ahora estamos hablando acerca de los abuelos espirituales.

Ser un abuelo o una abuela espiritual no consiste en dejar de estar en contacto con tu trabajo, el mundo o la vida. Es una edad espiritual de compromiso, impacto, y de producir vida y liderazgo en otros. Juan llama a esta etapa de la vida los *padres* del crecimiento espiritual (1 Juan 2:13). Es la etapa para los ancianos espirituales y los sabios de la vida.

Lisa y yo nos sentimos felices cada vez que estamos con nuestros nietos, West y Cedar, en parte porque nos permiten ver la vida a través de sus ojos y ser niños otra vez. Pero ésa no es la única razón. Tampoco nos interesa apoderarnos de sus vidas y vivir vicariamente a través de ellos. (Lo he visto suceder, y no es algo bueno). Lo que más disfruto acerca de ser abuelo es ver y poder enriquecer la singularidad de cada uno de ellos, para que puedan causar un impacto e influenciar al mundo que viene. Es un mundo del cual no seré parte, excepto a través de mi inversión en ellos.

Isaac Newton dijo: "Puedo mirar más lejos porque me he parado sobre los hombros de gigantes". Ser abuelos espirituales es ofrecer tus hombros a aquellos que todavía no se han levantado. Significa incrementar el impacto de tu vida invirtiendo en otros para que puedan ver más lejos de lo que tú verás a causa de tu influencia sobre ellos. Es lo que Pablo le dice a Timoteo que haga: "Lo que me has oído decir en presencia de muchos testigos, encomiéndalo a creyentes dignos de confianza, que a su vez estén capacitados para enseñar a otros" (2 Timoteo 2:2). Cuéntalos. Ese dicho breve cubre muchos niveles de influencia, que avanza como una cascada: Pablo influencia a Timoteo, Timoteo influencia a "muchos testigos", los muchos testigos influencian a "creyentes dignos de confianza", y creyentes dignos de confianza influencian a "otros". Pablo está abogando por las prácticas de discipulado y ejemplos a seguir que harán avanzar el ministerio de manera multiplicadora. Ésa es la oportunidad y responsabilidad de los abuelos espirituales, y tiene muy poco que ver con la edad biológica.

De la suma a la multiplicación

El libro de los Hechos detalla un efecto dominó de influencia similar en la iglesia del primer siglo. El libro comienza con la ascensión de Jesús a los cielos (Hechos 1:1-11), la venida del Espíritu Santo (Hechos 2:1-13), y el rápido crecimiento de la iglesia. El número de los creyentes cuando

Jesús ascendió era apenas de 120 (Hechos 1:15), pero después del apasionado discurso de Pedro, el día de Pentecostés fueron añadidos unos 3000 creyentes (Hechos 2:41). De ahí en adelante, leemos que "cada día el Señor añadía al grupo los que iban siendo salvos" (Hechos 2:41). A medida que el ministerio crecía, el mismo verbo "añadir" es usado un poco más adelante: "Multitud de hombres y de mujeres, se añadían constantemente al número de ellos" (Hechos 5:14 NBLA).

Pero pronto el lenguaje cambió: "Y crecía la palabra del Señor, y el número de los discípulos *se multiplicaba* grandemente en Jerusalén" (Hechos 6:7 RVR60, énfasis añadido). El incremento numérico pasó de la suma a la multiplicación. ¿Por qué? ¿Qué cambió? Si vemos los primeros versículos de Hechos 6, descubrimos que los apóstoles de Jesús, los líderes de la iglesia, designaron a siete hombres (creyentes maduros que no eran apóstoles) y oraron sobre ellos para que fueran mentores de otros en el ministerio. Los apóstoles asumieron el rol de abuelos, empoderaron a la próxima generación, e iniciaron el proceso que aumentó el ya existente crecimiento saludable de la iglesia. El proceso fue:

Evangelizar → Discipular → Guiar → Multiplicar.

En aquellos tiempos, el Imperio Romano estaba saturado de falsos dioses, y el politeísmo se practicaba por todas partes. La sensualidad y las relaciones sexuales formaban parte de sus ritos religiosos. Cinco millones de esclavos eran fundamentales para sostener el sistema social opresivo que dominaba a las mujeres y a los niños. Poderosas legiones romanas ponían en marcha al ejército que conquistaba naciones y destruían a cualquiera que se les interpusiera.

Ése era el mundo donde los 120 seguidores de Jesús comenzaron un movimiento. Fue en ese mundo que los apóstoles salieron a evangelizar, discipular y guiar... y enseñaron a otros en la iglesia a hacer lo mismo. Este proceso resultó ser tan eficaz que alcanzó un momento crítico y cambió a toda la cultura. ¿Quién iba a pensar que los esfuerzos de aquella secta pequeña y perseguida iban a cristianizar todo el mundo romano? Sin embargo, ya para el año 323 D.C., el cristianismo se había convertido en la religión oficial del Imperio.

La iglesia del primer siglo debe su rápido crecimiento a cristianos que alcanzaron el potencial que Dios les había dado, avanzando a través de las diferentes etapas que hemos examinado, de la infancia a la adolescencia y de la adolescencia a la madurez espiritual. Se convirtieron en padres espirituales que podían compartir la salvación y ofrecer vida a otros. Pero la iglesia comenzó realmente a crecer con pujanza cuando unos cuantos abuelos espirituales empezaron a guiar a otra generación fiel y a multiplicar su influencia e impacto por todo el imperio romano. Ése era el propósito de Dios... y todavía lo es.

La buena noticia para todos nosotros es que crecer hasta llegar a ser un abuelo o una abuela espiritual no es cosa de edad cronológica; es una cuestión de impacto. Algunos avanzan en años de calendario y nunca maduran a nivel espiritual. No dejes que te suceda a ti. En vez de eso, y más allá de tu edad, puedes comenzar a multiplicar tu influencia mientras que las personas a quienes ayudas a encontrar vida en Cristo también empiezan a guiar a otros a Cristo. Eso es éxito.

El experto en administración de empresas Peter Drucker observó: "No existe éxito sin sucesor".[21] El poder de influencia de los abuelos espirituales viene del éxito que se produce en Cristo y que va más allá de ti mismo, a través de aquellos a quienes enseñas y guías, creando una cascada constante de influencia que resulta en la multiplicación, y no solo la suma, de nuevos creyentes.

Por supuesto, la lógica dice que no puedes convertirte en abuelo sin antes convertirte en padre, ¡pero Jesús se convirtió en ambos el mismo día!

Jesús, el padre espiritual

¿Sabías que Jesús se convirtió en abuelo espiritual cuando todavía tenía unos 30 años? Por supuesto, la lógica dice que no puedes convertirte en abuelo sin antes convertirte en padre, ¡pero Jesús se convirtió en ambos el mismo día! Sucedió en uno de los lugares más insólitos con la persona más insólita que alguien se pudiera imaginar. Tal vez conozcas la historia.

> Como [Jesús] tenía que pasar por Samaria, llegó a un pueblo samaritano llamado Sicar, cerca del terreno que Jacob le había dado a su hijo José. Allí estaba el pozo de Jacob. Jesús, fatigado del camino, se sentó junto al pozo. Era cerca del mediodía. Sus discípulos habían ido al pueblo a comprar comida.
>
> En eso llegó a sacar agua una mujer de Samaria, y Jesús le dijo: "Dame un poco de agua". Pero, como los judíos no usan nada en común con los samaritanos, la mujer le respondió:
>
> —¿Cómo se te ocurre pedirme agua, si tú eres judío y yo soy samaritana?
>
> —Si supieras lo que Dios puede dar, y conocieras al que te está pidiendo agua —contestó Jesús—, tú le habrías pedido a él, y él te habría dado agua que da vida.
>
> —Señor, ni siquiera tienes con qué sacar agua, y el pozo es muy hondo; ¿de dónde, pues, vas a sacar esa agua que da vida? ¿Acaso eres tú superior a nuestro padre Jacob, que nos dejó este pozo, del cual bebieron él, sus hijos y su ganado?
>
> —Todo el que beba de esta agua volverá a tener sed —respondió Jesús—, pero el que beba del agua que yo le daré no volverá a tener sed jamás, sino que dentro de él esa agua se convertirá en un manantial del que brotará vida eterna.
>
> —Señor, dame de esa agua para que no vuelva a tener sed ni siga viniendo aquí a sacarla.

—Ve a llamar a tu esposo, y vuelve acá —le dijo Jesús.

—No tengo esposo —respondió la mujer.

—Bien has dicho que no tienes esposo. Es cierto que has tenido cinco, y el que ahora tienes no es tu esposo. En esto has dicho la verdad.

—Señor, me doy cuenta de que tú eres profeta. Nuestros antepasados adoraron en este monte, pero ustedes los judíos dicen que el lugar donde debemos adorar está en Jerusalén.

—Créeme, mujer, que se acerca la hora en que ni en este monte ni en Jerusalén adorarán ustedes al Padre. Ahora ustedes adoran lo que no conocen; nosotros adoramos lo que conocemos, porque la salvación proviene de los judíos. Pero se acerca la hora, y ha llegado ya, en que los verdaderos adoradores rendirán culto al Padre en espíritu y en verdad, porque así quiere el Padre que sean los que le adoren. Dios es espíritu, y quienes lo adoran deben hacerlo en espíritu y en verdad.

—Sé que viene el Mesías, al que llaman el Cristo —respondió la mujer—. Cuando él venga nos explicará todas las cosas.

—Ese soy yo, el que habla contigo —le dijo Jesús

(Juan 4:1-26)

Este relato está lleno de fascinantes perlas. Para comenzar, Jesús está solo en un pozo. ¿Por qué? Porque aparentemente hacía falta que 12 hombres fueran a buscar suficiente comida para un grupo de 13. Pero la ausencia de los discípulos dio lugar a que ocurriera una conversación privada y delicada.

Entonces, una mujer va a sacar agua al mediodía, la hora más calurosa del día, y está sola. ¿Cómo puede ser? Por lo general, las mujeres iban a buscar agua a la hora más fresca del día, temprano o tarde, y casi siempre era una actividad grupal, un tiempo para socializar y conversar. Pero ella no. ¿Por qué?

Finalmente, obtenemos algunas respuestas durante la conversación que Jesús entabla con ella. Jesús está cansado y tiene sed, y le pide agua… eso la sacude a ella en dos niveles. Primero, Él es judío y, ella, samaritana. Diferentes grupos étnicos. Segundo, Él es hombre y, ella, mujer. En aquella cultura, un hombre respetable no establecía contacto alguno con una mujer desconocida. La conversación se vuelve aun más escandalosa cuando vemos que Jesús sabe exactamente qué clase de mujer era ella; sin embargo, Él continuó su conversación y la guió al punto de ofrecerle el agua de vida. En el capítulo anterior, examinamos ese símbolo de la salvación.

Lee la historia nuevamente y esta vez nota que Jesús centra la atención en lo más importante durante la conversación. A veces, cuando tratamos de entablar una conversación con otra persona, nos encontramos con ciertos impedimentos para que la persona crea. A Jesús le pasó lo mismo y nos dio el ejemplo de cómo lidiar con ellos. Quería que esta mujer conociera la salvación a través de Él como el Mesías, así que desempeñó el rol de padre espiritual para ayudarla a nacer de nuevo a la vida del Espíritu. Pero veamos más detenidamente los muros u obstáculos que podrían haber interferido en su capacidad de recibir la vida espiritual.

El muro del lugar

La mujer estaba en Samaria, que para los judíos respetables del primer siglo correspondía a los barrios bajos. Cuando los judíos viajaban, la mayoría tomaba otro camino para evitar cruzar por Samaria, pero Jesús no lo hizo. Él podría haber tomado una ruta alternativa, pero el texto dice que *tenía* que pasar por Samaria. Jesús no derrumbó el muro; solo lo reconoció y le dio la vuelta.

El muro del interés propio

Por fin, Jesús se encontraba lejos de la multitud y tuvo un tiempo para sí. Hasta los discípulos se habían ido, ofreciéndole un tiempo de paz y tranquilidad infrecuente. Además, tenía calor, estaba cansado y necesitaba descansar. Al acercarse la mujer, cualquier otra persona hubiera pensado: *¿Sabes qué? Necesito un tiempo para MÍ.* Y si Jesús ignoraba a la mujer, ella hubiera seguido con lo que estaba haciendo y se habría ido sin decir una palabra. De hecho, ése era el protocolo social. Pero en vez de quedarse detrás del muro, Jesús le encontró la vuelta y le dijo a la mujer: "Dame un poco de agua"."

El muro del sexismo

En respuesta a la pregunta de Jesús, la mujer de inmediato levantó un muro. Ella contrarrestó con la barrera del género, y la discriminación de género en su cultura era intensa, densa, amplia y fuerte. Jesús no dejó que eso lo detuviera. Simplemente le encontró la vuelta.

El muro del racismo

Antes de que Jesús le pudiera responder, la mujer redobló con la cuestión del prejuicio: "Tú eres judío y yo soy samaritana". Sacó a la luz un asunto antiguo y delicado. Ella, una samaritana, era miembro de un grupo racial mixto, descendiente de los judíos que se quedaron atrás después de que los babilonios y los asirios conquistaron Israel y se llevaron lo mejor y las personas más brillantes. Con el tiempo, los sobrevivientes judíos que se quedaron se casaron con no judíos, creando así el pueblo samaritano. A través de los siglos, el menosprecio y odio declarado de los judíos a los samaritanos solo se había intensificado. Pero Jesús no se dejó llevar por la cuestión. No se esforzó por negar el problema del prejuicio. Simplemente le encontró la vuelta y continuó con la conversación.

El muro del moralismo

Al continuar el diálogo, encontramos una pista de por qué la mujer samaritana estaba afuera y sola a la hora más calurosa del día: por los muchos hombres en su vida. Había tenido cinco maridos y ahora vivía con otro. Era un pasado que quería ocultar, pero Jesús le hace saber, sin juzgarla, que Él lo sabía. Me pregunto: ¿Habrá tenido fama de ser la destrozahogares del pueblo? ¿Es por eso que estaba sola ahí? Pero Jesús no deja que la reputación de ella lo detenga. Toca el tema y continúa con la conversación.

El muro de la religión

Probablemente ansiosa por desviar la conversación de su vida privada, la mujer saca el tema de la doctrina y el estilo de adoración. Los samaritanos no eran bienvenidos en el templo de Jerusalén, por lo cual se reunían en un monte diferente para adorar. Aunque todavía tenían relación con el judaísmo, se habían alejado de algunas cosas básicas que Jesús señaló. Aun así, la mujer estaba lo suficientemente sintonizada con lo espiritual para darse cuenta de que hablaba con alguien con sabiduría espiritual, alguien que era digno de respeto.

El muro de la política

Uno puede argumentar que la mujer menciona una barrera política cuando dice: "Ustedes los judíos dicen que el lugar donde debemos adorar está en Jerusalén". Nuestra cultura no es la primera en vincular la religión con la política. El templo de Jerusalén era mucho más que una iglesia, era el centro de toda la vida judía: el centro espiritual y político de la nación. La mujer había tocado un punto neurálgico, diciendo básicamente: "Los samaritanos estamos en el polo opuesto de ustedes los judíos". Jesús no dejó que su comentario político desviara la conversación. Le responde y continúa compartiendo Su verdad.

¿Cómo responde Jesús? Él no muerde el anzuelo. Más bien, pasa por cada obstáculo, circunvala cada muro, y hace que cada barrera potencial se convierta en un puente para seguir el diálogo.

Aunque estaba fascinada con Jesús y Su sabiduría, la mujer samaritana parecía hacer todo lo posible por desviar la conversación. ¿Cómo responde Jesús? Él no muerde el anzuelo. Más bien, pasa por cada obstáculo, circunvala cada muro, y hace que cada barrera potencial se convierta en un puente para seguir el diálogo. A través de toda la charla, se muestra lleno de gracia y de verdad, hasta que finalmente se da a conocer a ella como el Mesías que ella ha estado esperando.

Algunos consejos prácticos

Este relato nos da un modelo de cómo llegar a ser mejores mentores espirituales. Al seguir el ejemplo de Jesús, nos convertimos en padres espirituales que ayudan a otros a encontrar a Cristo.

Y no, no me he olvidado, te voy a mostrar cómo Jesús se convierte en un abuelo espiritual con solo 30 años. Pero antes, quiero mostrarte cómo todos podemos aprender de su manera de guiar espiritualmente.

Los siguientes conceptos los aprendí de un libro de Paul Little. Desde entonces, los he usado y espero que estos principios básicos te ayuden a ti también a medida que los apliques para que otros se hagan amigos de Dios.

Relaciónate con no cristianos.

Jesús podría haber evitado todo contacto con la mujer en el pozo; sin embargo, no solo se aventuró a cruzar por Samaria, sino que superó los límites de raza, género, convenciones sociales, religión y política para entablar una conversación y compartir Su vida espiritual con esa mujer. La gente que hace posible que otros se hagan amigos de Dios no son santulones arrogantes que se mantienen alejados, son seres humanos amables que se relacionan con otros que pueden ser totalmente diferentes de ellos. Si quieres pescar, vas adonde están los peces, ¿no es así? Eso es lo que hizo Jesús.

Construye puentes.

Al pedir agua, Jesús estableció un punto de interés común y al mismo tiempo reconoció a la mujer como alguien que podía satisfacer Su necesidad. Su petición fue confusa, porque en aquellos tiempos ningún judío con una pizca de amor propio se atrevería a comer del mismo plato que un samaritano. Pero para ayudar a la mujer a encontrar la verdad que buscaba, Jesús construyó un puente. Para lograr que otros quieran ser amigos de Dios, nosotros también debemos construir puentes y buscar puntos de interés común.

Hace poco, uno de mis amigos me dijo que él usa cinco pasos para construir puentes e iniciar conversaciones espirituales con otros:

1. Compartir las historias personales entre sí.
2. Pregunta cuáles son los héroes de la persona. ¿A quién admira y por qué?
3. ¿Cuáles son los momentos más memorables de su vida, es decir, los acontecimientos que se destacan?
4. ¿Qué le causa dolor a esa persona? (Aquí te metes en un espacio más delicado).
5. Finalmente, ¿dónde encuentra esperanza él o ella?

Recuerda que ésta es una conversación, no una entrevista o un interrogatorio. No domines la charla, y no dejes que la otra persona sea la única que hable. A medida que haces las preguntas y la persona responde, comparte tus respuestas e ideas también. Una de las preguntas que a veces les hago a aquellos que todavía no han profesado su fe en Cristo es: "¿Alguna vez piensas en cosas espirituales?". Esto me permite decir con honestidad: "Yo no lo hice por un tiempo, pero luego algo sucedió que me hizo reflexionar". Ha sido una manera muy natural para comenzar una conversación con alguien que no conozco.

Despierta el interés.

Lo primero que hizo Jesús para despertar la curiosidad de la mujer fue hablar con ella en público. Mostró interés genuino por una persona que esperaba ser ignorada. Y no solo la saludó por cortesía, sino que gradualmente llevó la conversación a un nivel más profundo y mantuvo su interés y atención. Interesarse con sinceridad por alguien puede despertar curiosidad en estos días. De hecho, otros pueden desconfiar al principio, pero cuando vean que eres sincero, es probable que respondan.

El buen sentido del humor es también una ventaja para crear interés. Paul Little lo dijo de esta forma: "En contra de la creencia popular, los cristianos no tienen que abandonar su sentido del humor cuando se convierten... tal vez no participemos del mismo tipo de humor, pero sí podemos ser espontáneos y encontrar risas y diversión en el diario vivir. Es más, nosotros sabemos que hay humor y deleite sanos cuando vivimos todos los días para Jesucristo".[22]

Así como Jesús, debemos establecer un vínculo y no imponer un mensaje. Estate listo para compartir cómo Cristo se relaciona con tu vida diaria y te da más paz mental, propósito, sentido y fuerza para enfrentar los desafíos que todos tenemos.

No te pases ni te precipites.

Jesús fue sensible cuando abordó las necesidades de la mujer... y la delicadeza no puede ser precipitada. De igual manera, nosotros debemos evaluar con regularidad cuánto otras personas están listas para oír y lidiar con ciertas cuestiones, y luego compartir con tacto para que puedan responder con facilidad.

Expresa comprensión.

Cuando Jesús le habló a la mujer en el pozo acerca de su estado civil y le hizo saber que Él estaba al tanto de los maridos que había tenido, no lo hizo de modo acusatorio, sino que le habló de manera realista. No condenó sus indiscreciones pero tampoco las celebró. Al no hacerla sentirse avergonzada o incómoda, la ayudó con gracia a confrontar su pasado a la luz de Su gracia y verdad.

Deberíamos esperar que las personas sean pecadoras y tengan vidas turbias, y deberíamos relacionarnos con ellas en la situación en que se encuentran. No es asunto nuestro decirles lo malas que son, sino compartir el amor de Dios, mostrarles cuánto se interesa Dios por ellas, y describir la diferencia que Él puede hacer en su vida.

Sigue hasta el final.

Cuando la mujer trató de esconderse detrás de los muros de las diferencias sociales y políticas y de los procedimientos religiosos, Jesús llevó la conversación nuevamente hacia la relación con Dios y cómo Dios es mayor que todas esas diferencias. Para Jesús (y para nosotros) "lo principal es que lo principal siga siendo lo principal", de una manera no amenazadora. Debemos también estar preparados para las excusas que nos presentan y los temas controversiales que puedan surgir. Podemos asegurar a la gente que Dios es mayor que los embrollos en los que nos metimos, que podemos conocer a Dios personalmente a través de Jesucristo y adorarlo en espíritu y en verdad.

Dales a Cristo.

El gran evangelista metodista John Wesley dijo: "Cuando entro en una ciudad, les doy a Cristo". Ése es el corazón y mensaje de las buenas nuevas. Como seguidores de Cristo en un mundo necesitado, nuestra tarea no es compartir una nueva serie de reglas, una filosofía para la vida o una convicción política. Ni siquiera tiene que ver con ir a la iglesia o llegar a ser más religioso, al menos no al principio. Más bien, nuestro objetivo es invitar a otros a una relación de amor con un Cristo vivo y luego invitarlos a que lo conozcan. Ése es el punto de partida y el fundamento de todo lo demás.

Jesús, el abuelo espiritual

Ahora bien, quizá te preguntes: "¿No es ésta una repetición de ser padre o madre espiritual, que ya cubriste en el capítulo anterior?". Bueno, sí. El papel de los padres espirituales es ayudar a que otros conozcan a Cristo, pero también es el primer paso necesario para convertirse en un abuelo o una abuela espiritual. No puedes llegar a ser un abuelo o una abuela espiritual hasta que hayas ayudado a otro a venir a Jesús.

No puedes llegar a ser un abuelo o una abuela espiritual hasta que hayas ayudado a otro a venir a Jesús.

Y permíteme adivinar tu próxima pregunta: "¿No dijiste que el relato de la mujer en el pozo trata de cómo Jesús se convirtió en abuelo espiritual?". Claro que sí. Lee el resto de la historia:

> La mujer dejó su cántaro, volvió al pueblo y le decía a la gente:
>
> —Vengan a ver a un hombre que me ha dicho todo lo que he hecho. ¿No será este el Cristo?
>
> Salieron del pueblo y fueron a ver a Jesús...
>
> Muchos de los samaritanos que vivían en aquel pueblo creyeron en él por el testimonio que daba la mujer: "Me dijo todo lo que he hecho". Así que cuando los samaritanos fueron a su encuentro le insistieron en que se quedara con ellos. Jesús permaneció allí dos días, y muchos más llegaron a creer por lo que él mismo decía.
>
> —Ya no creemos solo por lo que tú dijiste —le decían a la mujer—; ahora lo hemos oído nosotros mismos, y sabemos que verdaderamente este es el Salvador del mundo (Juan 4:28-30; 39-42).

La mujer soltó el cántaro, quizá porque había probado el agua viva que fluía hacia su Mar Muerto, como describió Ezequiel en el capítulo anterior. Volvió al pueblo, comenzó a contarles a todos los que querían escuchar acerca de Jesús y lo que le había sucedido a ella, y ellos creyeron su testimonio. Apenas una recién nacida, ella se convirtió de inmediato en madre espiritual, ayudando a muchos a venir a Cristo. Y en ese momento, Jesús se convirtió en abuelo espiritual con un pueblo lleno de nietos espirituales.

Así es también cómo tú te conviertes en abuelo espiritual. Así es cómo nuevas generaciones vienen a Cristo. Ciudades, naciones e imperios pueden venir a Cristo. Al contar tu historia, y a medida que otros se suman a la historia de Dios, la vida de Dios se renueva y continúa fluyendo plena y libremente. El reino de Dios florece y la voluntad de Dios se hace en la tierra como en el cielo. Tú pasarás de *añadir* al reino a ver el reino *multiplicarse*.

Y espero que tu historia termine como ésta, con muchos creyentes nuevos haciendo todo lo que pueden para descubrir por sí mismos más acerca del amor y el perdón de Cristo. Nuestro mundo está lleno de gente que todavía necesita oír. Ojalá podamos convertirnos en los padres y abuelos espirituales que los ayuden a llegar a la verdad eterna y transformadora.

Entra, que el agua está tibia.

ETAPA	LECCIÓN
Los padrinos	
Los abuelos	Pasa de sumar para el reino de Dios a multiplicar el reino, enseñando a tus hijos espirituales a compartir el evangelio.
Los padres	Deja que Dios cambie tu mundo cambiándote a ti. Disponte a llevar el agua vivificante a otros que, como el Mar Muerto, no tienen vida.
El adulto	Responsabilízate de tu propia vida espiritual. Llénate con toda la medida de la plenitud de Cristo.
El adolescente	Desarróllate. Vístete de la armadura espiritual de Dios, asume el guerrero que hay en ti, y únete a la batalla.

El preadolescente	Descubre quién eres: tu identidad en Cristo, dónde perteneces y tu destino para cumplir la voluntad de Dios.
El niño	Pon el conocimiento en acción. Obedece a Dios con una fe activa.
El niño pequeño	Aprende a caminar en fe y habla con Dios a través de la oración mientras creces con Dios y otros en comunidad.
El bebé	Recibe el cuidado y la atención de tu amoroso Padre celestial y de otros "padres" espirituales que quieren ayudarte a crecer.
El recién nacido	Nace de nuevo y recibe la nueva vida maravillosa que Dios te da.

LAS PÁGINAS DE LA AVENTURAS

El plan de vuelo del piloto

1. Piensa en lo que dijo Isaac Newton: "Puedo mirar más lejos porque me he parado sobre los hombros de gigantes". ¿Quiénes son algunos de los "gigantes" que han contribuido a tu capacidad de ver a Jesucristo con más claridad? ¿Cómo transmites lo que has aprendido a la siguiente generación?

2. El proceso que usó la iglesia del primer siglo para crear una mayor consciencia del reino de Dios y expandir su influencia fue la siguiente:

   Evangelizar* ➔ *Discipular* ➔ *Guiar* ➔ *Multiplicar.

¿Cuál de estos pasos haces mejor? Como abuelo o abuela espiritual, ¿a cuál crees que necesitas prestarle más atención?

3. ¿Con qué "muros" te has encontrado mientras tratabas de hablar con otros acerca de Jesús? ¿Pudiste encontrarles la vuelta?

4. ¿Cuál de las sugerencias para compartir tu fe te resultó más beneficiosa mientras consideras cómo conectarte mejor con otras personas?

5. ¿Qué aprendiste después de ver la interacción de Jesús con la mujer en el pozo?

Correcciones de rumbo

Si solo haces una cosa, haz lo siguiente: Habla con tu pastor o mentor para idear un plan para capacitar a la gente que lideras para compartir su fe.

El diario del comandante de vuelo

Si estás ayudando a crecer a un abuelo o una abuela espiritual, te sugiero:

- A esta altura, esa persona se ha convertido en tu igual, así que escucha tanto como enseñas.
- Comparte herramientas, podcasts, material de capacitación y otros recursos que ayuden a la persona a equipar a otros para comunicar las buenas nuevas de Jesús.
- Lleva a la persona contigo para que comparta el evangelio con alguien.

DÉCIMA ETAPA

UN PUENTE HACIA LA VIDA

LOS PADRINOS

Todos somos gusanos, pero yo creo que soy una luciérnaga ("gusano de luz").

—Winston Churchill

El puente de Choluteca se mantiene firme y sólido en la ciudad de Choluteca en Honduras. La cuestión es que no cruza el río Choluteca.

El puente original se construyó en la década de los treinta por el cuerpo de ingenieros del ejército de los Estados Unidos, y es una obra arquitectónica famosa. Pero Honduras está sujeta a huracanes con regularidad, muchos muy severos, lo cual hace que a menudo los puentes tengan que ser reparados o reemplazados. Así que, en 1990, el gobierno comisionó a una empresa japonesa para que construyera un puente nuevo usando la última tecnología, una que fuera a prueba de huracanes.

El nuevo puente de Choluteca fue terminado en 1998, y solo unos meses después, el huracán Mitch arrasó con toda la furia de su categoría cinco. En ese tiempo, era considerado el segundo huracán más letal del Atlántico, y causó 7000 muertes en Honduras. Muchos de los puentes fueron destruidos, y muchos otros, incluso en Choluteca, fueron dañados. Por supuesto, todos querían saber cómo le había ido a su nuevo puente. Básicamente, no tenía un rasguño.

Pero (y éste es un gran *pero*) aunque la fuerza de los vientos no afectaron el puente, sí desviaron el curso del río Choluteca. Desde que sucedió el huracán, el río fluye *al lado* del nuevo puente de Choluteca, y no *por debajo*. Además, los caminos hacia el puente desaparecieron, y desde entonces la nueva y costosa estructura fue inmediatamente etiquetada: "Puente que no lleva a ningún lado".

Pueden verse fotografías actuales del puente sobre tierra seca al lado del río. Tengo una frente a mi escritorio en mi oficina para no olvidarme de este testamento a la genialidad de la ingeniería y la visión limitada del futuro que tiene la humanidad. Ahora veo este puente inamovible que no va a ninguna parte como un aviso para la iglesia.

Puentes y escaleras

La palabra en latín para sacerdote es *pontifex*. Significa "uno que construye puentes". El término se aplica a todos los creyentes, porque el rol del pueblo de Dios incluye ser un *reino de sacerdotes*. Pedro nos recuerda: "Ustedes son linaje escogido, real sacerdocio, nación santa" (1 Pedro 2:9). Como sacerdotes, somos constructores de puentes: un pueblo a través del cual Dios quiere vincularse con un mundo quebrantado y necesitado.

A menudo, Dios escoge actuar en este mundo por medio de seres humanos obedientes... gente como tú y yo que alinean sus vidas con Su voluntad para que pueda hacerse en la tierra como en el cielo. Cuando veo la fotografía del puente de Choluteca, pienso que tratar de construir una iglesia institucional que resista todas las tormentas de la vida puede ser un esfuerzo en vano. Jesucristo es la roca sólida e inmovible sobre la cual está edificada la iglesia, pero la iglesia (el pueblo de Dios) no debe ser inflexible y rígida. Es más importante que nos mantengamos ágiles, y que seamos adaptables y relevantes.

La iglesia debe ser ágil y adaptable. La iglesia debe estar preparada para surfear las olas de los cambios en la cultura, sin dejar de ser fiel a la misión a un mundo necesitado. Necesitamos ser constructores de puentes, pero no necesitamos más puentes que no llevan a ningún lado. Tenemos una mejor opción.

Durante la Segunda Guerra Mundial, sobre todo en el escenario europeo, el país de los Estados Unidos usó puentes flotantes, unidades modulares prefabricadas que cubrían todo el ancho de un río. Los puentes flotantes o pontones podían sostener tropas y hasta llevar tanques al territorio enemigo. Eran puentes portátiles que podían flotar hacia cualquier espacio. Como no eran estacionarios, los puentes flotantes podían moverse adonde fuera que la gente los necesitara.

Los creyentes no solo deben ser puentes para conectar a las personas con el amor y la gracia de Jesús, debemos ser el *tipo adecuado* de puente.

Los creyentes no solo deben ser puentes para conectar a las personas con el amor y la gracia de Jesús, debemos ser el *tipo adecuado* de puente. Tú puedes ser fuerte, rígido y estable... y aun así ser un puente que no lleva a ningún lado si no reflejas la compasión de Cristo. Cuando tomamos ese camino, de inmediato nos hacemos irrelevantes y obsoletos. Es preferible ser un puente flotante, estar listos para ir adondequiera que esté la necesidad, siempre flexibles y siendo de apoyo. Cuando Jesús edifica a Su iglesia, se enfoca en edificar a la gente donde Él vive y a través de quienes Él se da a conocer en este mundo (Mateo 16:18-20).

El tema de este libro ha sido el crecimiento espiritual, un crecimiento que nos lleva a ser los puentes de vida que Dios quiere. Hemos creado un gráfico para seguir nuestro recorrido desde que llegamos a la fe y nacimos en Cristo, pasando por la niñez espiritual, la adolescencia, y las últimas etapas de la adultez espiritual. Al terminar el gráfico en este capítulo, notarás que representa una escalera. Las primeras etapas son los escalones más bajos, que hacen referencia a tu crecimiento personal mientras sigues subiendo. En esas etapas, permaneces enfocado en tu propio progreso espiritual. Por lo tanto, como adulto espiritual, continúas subiendo y te conviertes en un padre o una madre espiritual. Compartes tu historia de la diferencia que ha hecho en ti la salvación, y ayudas a otros a alcanzar la vida en Cristo y a comenzar a subir la escalera por sí mismos. Luego, cuando aquellos que llevaste a Cristo empiezan a ayudar a otros a encontrarlo, alcanzas el próximo nivel de abuelo o abuela espiritual, donde ves generaciones de vida espiritual reproduciéndose y a muchas personas acercándose a conocer a Jesús como Salvador y Señor.

Ésa es la imagen de la escalera. Es el camino hacia Cristo. Después de encontrarlo, ayudas a otros a encontrarlo. Y cuando ellos lo encuentran, ellos ayudan a otros a encontrarlo. Con el tiempo, puedes ver a personas llegando de todas partes mientras que tú y otras generaciones ayudan a más personas a encontrar la escalera.

En este capítulo, llegamos al último peldaño, al nivel más alto: Los padrinos espirituales. A nivel socio-cultural y familiar, un padrino o una madrina es alguien que ha sido designado específicamente cuando el niño es muy pequeño para comprometerse con la crianza espiritual de ese niño. En muchos casos, el padrino o la madrina se convierte en un(a) mentor(a) que asiste a los padres a proveer la capacitación que ayuda al niño a desarrollar una relación personal con Jesucristo. Si por algún motivo los padres se ven incapacitados o no están dispuestos a ocuparse del crecimiento espiritual del niño, ese rol recae sobre los padrinos.

ETAPA	LECCIÓN
Los padrinos	Dondequiera que vayas, sé un puente que conecta a otros con Dios. Cuando las personas te miran, ellas ven a Cristo.

Los abuelos	Pasa de sumar para el reino de Dios a multiplicar el reino, enseñando a tus hijos espirituales a compartir el evangelio.
Los padres	Deja que Dios cambie tu mundo cambiándote a ti. Disponte a llevar el agua vivificante a otros que, como el Mar Muerto, no tienen vida.
El adulto	Responsabilízate de tu propia vida espiritual. Llénate con toda la medida de la plenitud de Cristo.
El adolescente	Desarróllate. Vístete de la armadura espiritual de Dios, asume el guerrero que hay en ti, y únete a la batalla.
El preadolescente	Descubre quién eres: tu identidad en Cristo, dónde perteneces y tu destino para cumplir la voluntad de Dios.
El niño	Pon el conocimiento en acción. Obedece a Dios con una fe activa.
El niño pequeño	Aprende a caminar en fe y habla con Dios a través de la oración mientras creces con Dios y otros en comunidad.
El bebé	Recibe el cuidado y la atención de tu amoroso Padre celestial y de otros "padres" espirituales que quieren ayudarte a crecer.
El recién nacido	Nace de nuevo y recibe la nueva vida maravillosa que Dios te da.

Entonces, ¿cuál es la característica de los *padrinos espirituales*? En esta etapa final de crecimiento espiritual, no solo subes un peldaño más en la escalera, como cuando eras adulto; no solo ayudas a otro a encontrar la escalera, como lo hace el padre espiritual. Vas más allá de ser un mentor y de multiplicar tu influencia, como lo hace un abuelo o una abuela espiritual. ¿Cuál es la señal que te dice que ahora eres un padrino o una madrina espiritual? *A dondequiera que vas, llevas la escalera contigo*. Tu vida extiende la escalera a todos los que se te cruzan en el camino. Estás listo no solo para compartir tu historia, sino la historia de Cristo.

Como dije en la introducción del libro, la salvación no es solo el boleto para entrar al cielo cuando mueras. No es solo una póliza de seguro contra fuegos para escapar del infierno. No, la salvación es una oportunidad para crecer a nivel relacional y un recurso para enfrentar todos los desafíos de la vida en Cristo. En los capítulos anteriores, hemos mencionado la oración de Pablo por la iglesia de Éfeso, pero ahora merece repetirse. Es el desafío apropiado para todos a medida que llegamos a esta etapa final de crecimiento espiritual:

> Y pido que, arraigados y cimentados en amor, puedan comprender, junto con todos los santos, cuán ancho y largo, alto y profundo es el amor de Cristo; en fin, que conozcan ese amor que sobrepasa nuestro conocimiento, para que sean llenos de la plenitud de Dios. (Efesios 3:17-20)

Hasta las heridas y los lugares deshechos de tu vida se convierten en la oportunidad de Dios para sanarte y fortalecerte.

Ser llenos de la plenitud de Dios es una expectativa increíble. Tu vida se convierte en el espacio sagrado donde Dios aumenta tu capacidad de conocerlo y darlo a conocer de manera más profunda, elevada y abundante. Hasta las heridas y los lugares deshechos de tu vida se convierten en la oportunidad de Dios para sanarte y fortalecerte. Así como los artesanos japoneses kintsugi reparan las tinajas de barro rotas, llenando las rajaduras con oro, Dios derrama su Espíritu invalorable sobre nuestras almas, llenando nuestras rajaduras con más de su plenitud. A medida que Él te llena, tu vida cambia, y ella, como lugar sagrado, se desarrolla más y más. De eso se ha tratado este libro: de incrementar tu capacidad de revelar más y más al mundo quién es Dios, de reflejar más el carácter justo de Dios, de demostrar más Su justicia y Su paz, de dar el fruto de Su Espíritu y los dones de Su Espíritu, y de vivir una vida llena de gracia y verdad, como lo hizo Cristo. Éste es el cumplimiento de la promesa de Jesús: "Yo los escogí a ustedes y los comisioné para que vayan y den fruto, un fruto que perdure" (Juan 15:16). Él nos asegura: "Mi Padre es glorificado cuando ustedes dan mucho fruto y muestran así que son mis discípulos" (Juan 15:8).

Aguas profundas

Vimos este nivel avanzado de madurez espiritual prefigurado en el capítulo 8, cuando examinamos la visión de Ezequiel 47 con el río de vida que fluía del templo. Al entrar Ezequiel en el río, no se detuvo cuando el agua le llegó a los tobillos, o a las rodillas, o incluso a la cadera. Se aseguró de notar que el río era lo suficientemente profundo para nadar. ¿Qué supones que quiso decir con eso?

A mí me gusta verlo así: cuando observas a un nadador en un río, ¿qué ves? Ves la cabeza de la persona, ¿no es así? Los nadadores usan todo el cuerpo para nadar, pero la cabeza es la que permanece visible. Ahora bien, ¿quién es la cabeza de la iglesia? Jesucristo. La iglesia es Su cuerpo; Él es la cabeza. Cuando le dices a Dios que quieres que haga de tu vida su lugar sagrado, y Él te llena "con toda la plenitud de Dios", ¿no tiene sentido que otros comiencen a ver a Cristo en ti? La gente te observa a ti, un miembro del cuerpo de Cristo, pero ve la cabeza: el amor de Cristo, la sabiduría de Dios, y la vida del Espíritu que salen a través de ti. Comienzas a añadir valor divino adondequiera que vas.

Eso es ser un padrino o una madrina espiritual. En este nivel, estás "jugado" para Dios. Estás en aguas profundas. Mejor aun, eres un puente viviente, donde la gente puede conectarse con Dios. En lugar de traer a otros al puente para que encuentren seguridad en la tormenta, te has convertido en el puente. Dondequiera que vayas, eres una oportunidad para que otros lleguen a Dios por medio de ti. La iglesia institucional no es el puente a la vida; el pueblo de Dios lo es. El puente no es solo el lugar donde está el edificio; se establece una conexión con Dios dondequiera que su pueblo vaya. Eso es lo que significa ser "linaje escogido, real sacerdocio, nación santa" (1 Pedro 2:9). Es el pueblo de Dios actuando como embajadores de Cristo: "Como si Dios los exhortara a ustedes por medio de nosotros" (2 Corintios 5:20). Es el resultado poderoso de compartir nuestra historia —y la historia de Cristo— con otros. Es parte de lo que significa ser un sacerdocio de creyentes.

Recuerdo el último verso del antiguo himno: "Haz lo que quieras". ¡Qué hermosa oración!:

Haz lo que quieras de mí, Señor
Del paracleto dame la unción
Dueño absoluto sé de mi ser
Que el mundo a Cristo pueda en mí ver.[23]

Se precisa de un creyente más o menos maduro para orar: "Lo que Tú quieras para mí, Señor, es lo que yo quiero para mí. Nada más ni nada menos". Ésta es la actitud de un padrino o una madrina espiritual.

Es también la actitud de Cristo, quien en el huerto de Getsemaní oró: "Padre, si quieres, no me hagas beber este trago amargo; pero no se cumpla mi voluntad, sino la tuya" (Lucas 22:42). Por supuesto, sabes lo que sucedió después, ¿verdad? Jesús soportó lo peor del pecado y de la muerte que el enemigo espiritual desató sobre Él, pero Dios transformó aquella horrible experiencia, la convirtió en lo mejor que jamás pudo haber pasado. Dios convirtió la crucifixión en resurrección. Como resultado, ahora el mundo tiene la oportunidad de encontrar la salvación, el agua viva de Dios y la vida eterna.

Padrinos inesperados

Sin embargo, Jesús no fue el primero en rezar esa oración. Otras dos personas muy cercanas a Él compartieron el mismo deseo de poner la voluntad de Dios por encima de la suya. Ambas estaban experimentando quebrantamiento en ese momento, y podrían ser legítimamente llamadas madrina y padrino, aunque no en el sentido tradicional en que usamos esos términos hoy. Una de esas personas fue María y la otra fue José.

Dios tenía en mente un plan poderoso para las vidas de María y José: ellos fueron invitados para criar a Dios. ¡Guau! Esto los convirtió en los primeros padrinos, y desde luego, los únicos que literalmente serían llamados los padres de Dios. Pero antes de que se comprometieran del todo a aceptar la voluntad de Dios para sus vidas, cada uno pasó por un crisol de prueba distinto.

Se cree que María era muy joven cuando se le apareció el ángel con las nuevas: "No tengas miedo, María; Dios te ha concedido su favor —le dijo el ángel—. Quedarás encinta y darás a luz un hijo, y le pondrás por nombre Jesús. Él será un gran hombre, y lo llamarán Hijo del Altísimo. Dios el Señor le dará el trono de su padre David, y reinará sobre el pueblo de Jacob para siempre. Su reinado no tendrá fin" (Lucas 1:30-33). Puesto que María era virgen, no tenía idea de cómo tendría un hijo, pero el ángel le aseguró que Dios podía hacerlo.

Su respuesta reflejó gran fe: "Aquí tienes a la sierva del Señor —contestó María—. Que él haga conmigo como me has dicho" (Lucas 1:38). ¿Es esa la oración de un corazón quebrantado? Lo que en realidad dijo María fue: "Señor, lo que Tú quieres para mí es lo que yo quiero para mí, aunque eso signifique dejar a José". María estaba comprometida y esperando un matrimonio normal. Hablando humanamente, ella sabía que esto cambiaría todo. Decirle que "sí" a Dios implicaba entregarle sus sueños e incluso a su prometido.

Cuando José se enteró después de que María estaba embarazada, él sabía que el niño no era suyo. ¿Había un corazón quebrantado en aquel doloroso descubrimiento? Después de todo, era un hombre justo que solo quería hacer lo recto delante de Dios. ¡Cuán difícil habrá sido para José decidir divorciarse de su prometida! Pero eligió caminar con Dios hacia adelante, sin importar lo que deparara el futuro... incluso si eso significaba hacerlo sin María. Pero entonces se le apareció un ángel en sueños que le dio las mismas noticias increíbles que ya María había recibido, y se nos dice que él "hizo lo que el ángel del Señor le había mandado y recibió a María por esposa" (Mateo 1:24).

En el magnífico plan de Dios, a medida que ellos se vaciaron de su yo y se abrieron a Dios, Él los unió y bendijo su obediencia mucho más allá de sus expectativas. En ese punto de su camino, Él los llenó de "toda la plenitud de Dios". Se casaron y fueron los padres de Jesús, en quien "toda la plenitud de la divinidad habita en forma corporal" (Colosenses 2:9). ¡Hablando de ser padrinos espirituales!

Transformaciones poderosas

Jamás nadie podrá repetir la experiencia que compartieron María y José, pero yo creo que Dios tiene un plan único para cada uno de nosotros, uno que solo tú puedes cumplir. Pero no lo descubrirás hasta que des el paso de entrega y ores de la misma manera: "Señor, lo que Tú quieres para mí es lo que yo quiero para mí". Es una oración que nos lleva a la experiencia de ser padrinos y nos pone en el centro de la misión y el propósito de Dios para nuestra vida. Nuestra sumisión a Dios nos transforma en puentes que conectan a otros con la vida abundante de Jesús. Es más, ése es el propósito de Dios para todos nosotros.

Pablo escribió: "Porque a los que Dios conoció de antemano, también los predestinó a ser transformados según la imagen de su Hijo, para que él sea el primogénito entre muchos hermanos" (Romanos 8:29). Cuando Cristo viene a nuestra vida, nos transforma y nos mejora. Luego,

Pablo añade: "No se amolden al mundo actual, sino sean transformados mediante la renovación de su mente" (Romanos 12:2). ¿En qué nos transformamos? La noción de Dios es que seamos transformados en transformadores, en gente que aprovecha cada oportunidad para dejar que la vida de Dios fluya a través de nosotros para mejorar las vidas de otros, cumpliendo así la misión de Dios.

La empresa de energía Florida Power & Light tiene un transformador eléctrico detrás de mi casa que convierte la corriente eléctrica de un voltaje a otro y así provee la energía que necesitan mi casa y muchas otras en el vecindario. Básicamente, eso es lo que hace un transformador espiritual también. Los padrinos espirituales aplican el poder de Dios para transformar a cuanta persona que sufre sea posible, tan pronto como sea posible, y por los medios más eficaces posibles. Cuando llegas a la etapa de madurez de los padrinos, estás tan lleno de la vida de Dios que quieres dársela a cualquiera que esté contigo, hagas lo que hagas y adondequiera que vayas.

Cuando llegas a la etapa de madurez de los padrinos, estás tan lleno de la vida de Dios que quieres dársela a cualquiera que esté contigo, hagas lo que hagas y adondequiera que vayas.

Esta pasión de transformar las vidas de otros la demostró el apóstol Pablo. Él no se limitó a alcanzar a otros de una sola manera. Por dondequiera que iba, buscaba la forma de convertirse en un puente entre Dios y aquellos que aún no lo conocían:

> A pesar de que soy un hombre libre y sin amo, me he hecho esclavo de todos para llevar a muchos a Cristo. Cuando estaba con los judíos, vivía como un judío para llevar a los judíos a Cristo.

> Cuando estaba con los que siguen la ley judía, yo también vivía bajo esa ley. A pesar de que no estoy sujeto a la ley, me sujetaba a ella para poder llevar a Cristo a los que están bajo la ley. Cuando estoy con los gentiles, quienes no siguen la ley judía, yo también vivo independiente de esa ley para poder llevarlos a Cristo; pero no ignoro la ley de Dios, obedezco la ley de Cristo.
>
> Cuando estoy con los que son débiles, me hago débil con ellos, porque deseo llevar a los débiles a Cristo. Sí, con todos trato de encontrar algo que tengamos en común, y hago todo lo posible para salvar a algunos. Hago lo que sea para difundir la Buena Noticia y participar de sus bendiciones. (1 Corintios 9:19-23 NTV)

Pablo era como el músico que participa en una orquesta. Cuando alguien sugiere una canción, pregunta: "¿En qué clave la quieres? La puedo tocar en cualquier clave". También notarás que Pablo dice: "Mi vida no es mía. Ahora que he experimentado la salvación de Dios, necesito compartirla con otros". Ésa es la característica de un padrino o una madrina espiritual.

Leí acerca de una mujer que, durante un juego de naipes, hablaba con sus amigas acerca de haber terminado un curso de capacitación de primeros auxilios. Las amigas se sorprendieron cuando ella dijo que ya había tenido la oportunidad de usar lo que había aprendido. Dijo: "Ay, sí. Estaba corriendo por la calle donde vivo cuando vi un accidente horrible en la intersección, justo delante de mí. Lo vi todo, oí el freno de las llantas, el ruido de la colisión y el crujir del metal". Las damas de inmediato quisieron saber más. "¿Qué hiciste, entonces?".

Ella dijo: "De repente, me vino a la mente lo que aprendí vino. Me senté en el cordón de la vereda, puse la cabeza entre mis piernas, ¡y ni siquiera me desmayé!".

En cierto modo, eso no nos parece bien, ¿verdad? La mayoría de personas no toma cursos de primeros auxilios para usarlos para sí. Y los cristianos maduros no disfrutan de los beneficios del gran amor de Dios y los dones del Espíritu sin compartirlos con los demás.

¿Cómo es la respuesta de Dios a los infinitos lugares de accidentes de nuestro mundo necesitado? Tú eres la respuesta. Puede que no lo veas todavía, ya que depende de tu etapa de crecimiento espiritual, pero Dios ve un propósito para ti. Él puede usarte porque ve reflejada en ti la imagen de Su Hijo que dio Su vida para que otros pudieran vivir. Él quiere usarte para que guíes y lleves a otros a Su vida maravillosa.

En la reciente pandemia de COVID, el mundo entero ha experimentado un tiempo de transición. (Cuando leas esto, espero que lo peor haya pasado, pero el impacto de la enfermedad, la muerte y el desastre económico quedará con nosotros por muchos años). La gente hace lo imposible por mantenerse saludable, pero millones sufren. Los negocios tratan de encontrar la manera de evitar la bancarrota. Las escuelas luchan por ofrecer la educación adecuada sin poner en riesgo innecesario a los alumnos. El gobierno trata de buscar la manera de ayudar a la mayoría cuando todos necesitan ayuda ahora mismo. Todos nos damos cuenta de que no estamos donde estábamos antes. Pero Dios todavía tiene el control y podemos estar seguros de que todavía no somos lo que llegaremos a ser.

Porque el río se ha movido, las estructuras deben cambiar. Esto se aplica en especial a la iglesia, de lo contrario, se convertirá en un puente que no lleva a ninguna parte, sin conexión con el río. ¿Qué quiere Dios haga que la iglesia? Constantemente escucho la voz de Dios, que me recuerda que la iglesia no es un edificio, ni una institución, ni un método. La iglesia es Su pueblo, que se ha comprometido a conocerlo y a crecer con Él en el río de la vida, madurando en Él mientras se llena de la plenitud de Su medida. Y después de esa transformación de poder, somos llamados a ir con Él en la misión a un mundo necesitado, convirtiéndonos en transformadores para ayudar a cubrir esas necesidades.

Últimamente he aprendido mucho acerca de la transformación gracias a mi teólogo favorito: mi nieto West. Con solo seis años, ya es un experto en la materia. Me cuenta de Transformers llamados Optimus

Prime, Bumblebee, Unicron y otros. Son robots con vida y forma humana, capaces de convertirse en animales o vehículos. West me ha enseñado dos lecciones importantes. Primero, algo (o alguien) que parece normal tiene el potencial de transformarse en un poderoso héroe. En algunos coches (o personas) hay mucho más de lo que podemos ver a simple vista. Segundo, hay que cuidarse de los Decepticons. Estos también son Transformers y pueden ser difíciles de detectar, pero no tienen buenas intenciones.

Nuestro mundo está lleno de Decepticons. Hasta las iglesias tienen muchos "cristianos" clonados y cortados con el mismo molde. A la gente le resulta cada vez más difícil saber en quién puede confiar. Si esperamos transformar a la gente con el poder de Dios que fluye a través de nosotros, necesitamos ser totalmente sinceros y auténticos. Si alguien confía en ti y ve que eres auténtico, es probable que confíe más en lo que le cuentes acerca de Dios. Sé un padrino o una madrina espiritual, un puente, un transformer. Sorprende a otros, mostrándoles que, a pesar de tu apariencia común, has sido transformado en embajador de la fuerza más potente del universo que da el poder de transformarlos a *ellos* para que sean las mejores personas posibles.

Una persona hace una gran diferencia

Existe solo una persona como tú. Tienes algo para ofrecer a Dios que ningún otro tiene. Cuando llegas al punto de orar: "Señor, lo que Tú quieres para mí es lo que yo quiero para mí", te mostrará cómo causar un gran impacto para Él. Cuando lo hagas, no estarás renunciando a tu libertad, ni perdiendo tu autonomía, ni verás tu individualidad esfumarse en el gran vacío del espacio. ¡En absoluto! Estás descubriendo la única manera de hacer realidad la calidad de vida eterna de Dios. Adondequiera que vas, te conviertes para otros en una característica de valor agregado. Al pulir tu Evangelismo, Discipulado, Generosidad y Empoderamiento (EDGE), ayudas a que ellos encuentren la manera de hacer lo mismo. (EDGE es un acrónimo que representa las áreas de capacitación en el camino de crecimiento en la iglesia Christ Journey). Cuando pulimos nuestro compromiso con esas áreas de capacitación, somos motivados a responder a Dios y actuar según se presente la oportunidad.

Creo que uno de los versículos más tristes de toda la Biblia es Ezequiel 22:30. Jerusalén e Israel le habían dado la espalda a Dios, y la nación estaba en terribles condiciones. Dios estaba listo para juzgarlos y le dijo al profeta Ezequiel: "Busqué a alguien que pudiera reconstruir la muralla de justicia que resguarda al país. Busqué a alguien que se pusiera en la brecha de la muralla para que yo no tuviera que destruirlos, pero no encontré a nadie". Dios estaba buscando a una persona de fe que estuviera dispuesta a ser el puente de vida a un mundo necesitado. Pero ni siquiera una persona en la nación estaba capacitada en ese momento, ni tenía la madurez necesaria, ni era capaz de responder.

Compara esa triste experiencia con otro tiempo en la historia de la nación que tuvo un resultado muy diferente. Un joven llamado Isaías oyó un llamado similar de Dios durante otro tiempo de gran necesidad espiritual. Dios preguntó: "¿A quién enviaré como mensajero a este pueblo? ¿Quién irá por nosotros?". Isaías había estado agonizando porque se sentía indigno y sucio en la presencia de Dios, pero Dios había quitado su culpa y había pagado por su pecado. Al experimentar ese cambio en su vida, Isaías no dudó en contestar: "Aquí estoy yo. Envíame a mí" (Isaías 6:8). Su respuesta fue más corta que: "Señor, lo que Tú quieres para mí es lo que yo quiero para mí. Quiero que mi vida esté llena de la tuya". Y así fue. Desde ese momento, Isaías fue un fiel profeta de Dios.

En este momento, la situación de nuestro país es crítica. No es hora de hacer las cosas a medias. Necesitamos personas maduras, en crecimiento, comprometidas para responder ahora a la misma pregunta que Dios ha estado preguntando por siglos: "¿A quién enviaré como mensajero a este pueblo? ¿Quién irá por nosotros?". ¿Encontrará colaboradores dispuestos que estén listos para hacer de voluntarios? ¿O solo oirá a los grillos en el silencio?

¿Cómo responderás a Su llamado?

LAS PÁGINAS DE LA AVENTURA

El plan de vuelo del piloto

1. ¿Puedes ver puntos de comparación entre el puente de Choluteca y la iglesia institucional? ¿Cuáles son?

2. ¿Cuán cerca crees que estás de ser lleno de toda la plenitud de Dios? ¿Cómo puedes seguir creciendo para lograr ese objetivo?

3. ¿Cuándo fue la última vez que fuiste un puente entre Dios y otra persona? ¿Cuáles fueron las circunstancias? ¿Cómo puedes hacer de eso una experiencia más regular?

4. Ahora que has leído acerca de todas las etapas de crecimiento espiritual, ¿en qué etapa crees estar? ¿Crees haber pasado por todas las etapas anteriores y que estás listo para la próxima? ¿O necesitas continuar trabajando en algo que no has logrado todavía? Explica.

5. ¿Qué objetivos quisieras fijar para tu continuo crecimiento espiritual? ¿Cuál es el primer paso que darás para lograrlo?

Correcciones de rumbo

Si solo haces una cosa, haz lo siguiente: Como un director de proyecto, escribe tu plan de crecimiento espiritual para los próximos cinco a diez años.

El diario del comandante de vuelo

Si eres mentor de un padrino o una madrina espiritual, te sugiero:

- ¡Disfruta cada minuto con esa persona!
- Definan juntos una estrategia de cómo tener un impacto mayor en la iglesia y en la comunidad para ayudar a más personas a alcanzar toda la plenitud de Cristo.
- Regala un ejemplar de este libro a otros en tu círculo de influencia.

EPÍLOGO

"Quiero ser como Él, sí, ése es mi objetivo,
Como una roca que no se mueve".

—Larry Norman

Tony Campolo cuenta la historia de un hombre llamado Joe, un borracho que se convirtió de forma gloriosa en una campaña evangelística al aire libre. Antes de entregarse a Cristo, Joe era conocido como un marginado que había llegado a un callejón sin salida en su vida, pero después de conocer a Cristo, todo cambió. Joe se convirtió en la persona más cariñosa de la campaña. Allí pasaba sus días, haciendo todo lo que podía. Nunca consideró lo que le pedían hacer por debajo de su dignidad. Ya fuera limpiar el vómito de un alcohólico, o limpiar inodoros asquerosos, Joe lo hacía con un corazón agradecido. Se podía confiar que Joe le daría de comer a cualquiera que entrara de vagar por las calles, y si ese hombre estaba demasiado imposibilitado para hacerlo por sí mismo, Joe lo ayudaba a prepararse para ir a dormir.

Una noche, después de que el director del grupo diera su mensaje del evangelio a la muchedumbre de personas hoscas de siempre, con sus cabezas bajas, uno de ellos miró hacia arriba, fue hacia el altar, y se arrodilló para orar, clamando que Dios lo ayudara a cambiar. El borracho penitente gritaba: "Oh, Señor, hazme como Joe, hazme como Joe, hazme como Joe".

El director se inclinó y le dijo: "Hijo, ¿no sería mejor que oraras, '¿Hazme como Jesús'?". El hombre pensó por un momento y preguntó: "¿Él es como Joe?".[24]

Crecer espiritualmente es ser como Jesús, pero el crecimiento es un proceso, primero en cómo nos vemos y valoramos a nosotros mismos, y luego en cómo tratamos a los demás (compartiendo el valor añadido del amor de Dios a través de satisfacer las necesidades de la gente en nuestro mundo). Muchos de los ministerios asociados con la misión de nuestra iglesia son evidencia de la clase de cambio del que he hablado en este libro. ¡Los miembros de Christ Journey oyeron el llamado y lo aceptaron! ("La misión que Dios te ha dado, en caso de que decidas aceptarla"). Ellos aceptaron Su misión, dijeron que sí al llamado, y se lanzaron a la aventura con Él.

"La misión que Dios te ha dado, en caso de que decidas aceptarla".

Pienso en Carlos (no es su nombre verdadero), un piloto de guerra que desertó del ejército de su país después de negarse a cumplir una orden que resultaría en la muerte de mujeres y niños inocentes. Vino a Miami, donde terminó manejando un taxi y frecuentando clubes nudistas. Una noche, enojado, solitario y desesperado, golpeó el volante con los puños y clamó a Dios. Cuando miró hacia arriba, vio un cartel que nuestra iglesia había patrocinado que decía: "Dios está de tu parte". El cartel tenía un teléfono al cual llamar para pedir oración... y Carlos llamó. Vi su vida cambiar y celebré el día en el que se anotó en una organización que llevaba a misioneros a regiones tan remotas que solo se podía llegar en helicóptero. ¡Ésa es una misión de Dios!

Pienso en Pete y Jodi Brennan, quienes, siguiendo el llamado de Dios, dieron el paso de fe, vendieron su casa y tomaron todos sus ahorros de una exitosa carrera de venta de productos comestibles. Hace más de dos décadas que sirven a la gente en las favelas (barrios bajos) de Brasil, ayudándolos a encontrar esperanza en Cristo y levantando líderes autóctonos en sus propias comunidades. Su ministerio tenía múltiples sitios antes de que los múltiples sitios se pusieran de moda en los Estados Unidos. ¡Ésa es una misión de Dios!

David y Chaya Sumanth perdieron a su querido hijo Paul en un misterioso accidente automovilístico. Él era estudiante de curso introductorio a la Medicina en la Universidad de Miami, persiguiendo el sueño de ser médico misionero a los pobres. Dios trajo una sanidad profunda a sus corazones quebrantados. Ahora, en respuesta al llamado de Dios, por años han servido, supliendo las necesidades de niños huérfanos y familias necesitadas en India, y levantando una nueva generación de jóvenes líderes por medio de Paul J. Sumanth Ministries. ¡Ésa es una misión de Dios!

Cuatro niñas de quinto grado de nuestra iglesia, Abigail Raffalski, Marlee Gray, Eleanor Harley y Sarah Livingston, fueron conmovidas para ayudar a niños hambrientos en Miami-Dade County. Se unieron a nosotros en lo que ahora conocemos como Feed Miami (Alimentemos a Miami), un esfuerzo comunitario para luchar contra la inestabilidad alimentaria en nuestra área. En sus 11 años de existencia, Feed Miami ha juntado 217 toneladas de alimentos y ha servido 360.000 comidas sin cobrar. "Tuve hambre, y me alimentaron" (Mateo 25:35).

Pienso en el dueño de una pequeña empresa y que hace discípulos en nuestra iglesia, quien, junto con Clift Brannon y Rudy Hernández, compartieron el evangelio con el general Manuel Noriega en una cárcel de Miami, y el pastor David Wideman (ex director de una escuela y agente de bienes raíces), que ayudaron en el bautismo de Manuel. Cuando visitaba al general en su celda de máxima seguridad, siempre orábamos juntos. Hablábamos de su familia. Oficié la boda de su hija y él la entregó por teléfono. Cuando le dije que me había comprado una motocicleta nueva, su primera pregunta fue: "¿Harley Davidson?". Ésa era la motocicleta que él conducía en sus años de juventud. Con gusto le dije "Sí". Jesús dijo: "Estuve en prisión, y me visitaron" (Mateo 25:36).

Y Betty Lara, quien después de servir como asistente ejecutiva en mi oficina, sintió el llamado de Dios para intervenir en las vidas de jóvenes abusadas por la trata de mujeres con fines sexuales. Ahora es directora ejecutiva de Glory House of Miami, una organización cristiana que ha ministrado a cientos de sobrevivientes de la trata de personas. Por medio de Street Reach, un programa residencial y centro de hospitalidad, ayudamos en la sanidad y restauración para que nuevas vidas experimenten la libertad. "Estuve desnudo, y me dieron ropa" (Mateo 25:36).

Jim es un líder voluntario en nuestro ministerio a aquellos que hablan portugués en nuestra iglesia. Una noche, después de un servicio de adoración, vino con Jorge, que tenía una petición especial. Él sentía que Dios lo estaba llamando a volver al Líbano y quería la bendición de su pastor. Le pedí a Dios que lo bendijera y mantuviera a salvo en su obediencia, y que lo usara para cumplir Su voluntad. Y Jorge se fue. Unos años después, fui invitado a ser parte de un pequeño grupo de líderes de EE.UU. para participar en una conferencia en Beirut para pastores de iglesias en las naciones árabes, luego de la guerra en Iraq. En aquel viaje, conocí a Saeed (no es su verdadero nombre), que había sido un suní wahabí, camino a convertirse en un Imam. Me contó que un hombre en una tienda lo había invitado a una reunión cristiana de adoración. Al principio protestó, pero tomó un Nuevo Testamento para leerlo y saber cómo pensaban sus enemigos. Para hacer corta la historia, Saeed comenzó su camino para conocer el amor de Dios en Jesús... todo porque el empleado de una tienda lo invitó a ir con él a una reunión cristiana en Beirut. El nombre de aquel empleado era Jorge, el mismo Jorge por quien había orado yo años antes. ¡Por supuesto que le dije a Saeed que era mi nieto espiritual! "Fui extranjero, y me invitaron a su hogar" (Mateo 25:35). ¡Ésa es una misión de Dios!

Imagina tu historia en esta maravillosa fila de personas que estuvieron dispuestas a crecer, y luego a ir cuando se les presentó la oportunidad para responder a "la misión que Dios te ha dado, en caso de que decidas aceptarla...".

Pienso en Chris Lane y City Serve Miami. Pienso en Elly Admiral, que sirve en Sudán. En John Churchill, quien, después de una carrera militar, se unió a nosotros para abrir una iglesia y ahora es pastor de misiones en Christ Journey. Pienso en Anthony y su esposa, la ex atleta olímpica Brittany González, que trabajan con alumnos en la Universidad de Miami. En Mark Lesher, quien fue llamado al ministerio después de servir en Vietnam como parte del equipo élite de operaciones especiales de la marina de los Estados Unidos, y ha discipulado a muchos durante nuestros años de servicio juntos. Pienso en adultos más jóvenes que ahora dirigen "de generación en generación": Chris Farrington, Mike Patino, Angie Spivak-López, Erik Bennet y los mellizos, Geoff y Greg Gackle. Pienso en otros a quienes se les ha encomendado la tarea de capacitar a otros en Ruanda, Cuba, Haití, la República Dominicana, Ecuador, Mozambique, Guatemala, Jamaica, las Bahamas, y muchos otros que sirven en equipos médicos, equipos de dentistas, equipos de construcción, equipos de mujeres, equipos de hombres y equipos de adolescentes y familias enteras. ¡Son tantos los nombres que no llego a mencionar! Por favor, perdónenme si no los he mencionado.

Algún día, estas personas y toda persona que en algún momento dijo: "Sí, Señor, quiero para mí lo que Tú quieres para mí", tendrán el gozo inexplicable de escuchar a su Maestro decir: "¡Hiciste bien, siervo bueno y fiel! Has sido fiel en lo poco; te pondré a cargo de mucho más. ¡Ven a compartir la felicidad de tu señor!" (Mateo 25:23).

¿Qué es esa "felicidad"? ¡Seguro que tiene que ver con "ser llenos de toda la plenitud de Dios" en la eternidad! Con solo pensarlo, ¡nos quedamos sin aliento! El autor Frederick Buechner, en una perla de sabiduría que yo atesoro, observó una vez: "El lugar a donde Dios te llama es el lugar donde tu profunda alegría se encuentra con el gran hambre del mundo".[25] Esto me inspira, pero quiero declarar todavía más que el llamado de Dios sobre nuestras vidas es mucho más grande que nuestra alegría o que las necesidades del mundo. ¡A medida que acudimos al llamado de Dios, crecemos! Como portadores de la imagen de Dios, nuestra capacidad de experimentar y expresar a nuestro Creador y Redentor crece a medida que nosotros crecemos. ¡Él nos está preparando para el mundo venidero y para toda "la plenitud de Dios" en la eternidad!

Empezamos con esta visión, esperanza y promesa, y concluyo con ella:

> Al que puede hacer muchísimo más que todo lo que podamos imaginarnos o pedir, por el poder que obra eficazmente en nosotros, ¡a él sea la gloria en la iglesia y en Cristo Jesús por todas las generaciones, por los siglos de los siglos! Amén. (Efesios 3:20-21)

Si quieres recibir más información acerca de los ministerios mencionados en el epílogo, dirígete a:

- ***Paul J. Sumanth Ministries:*** www.pjsm.org
- ***Feed Miami:*** www.christjourney.org/feed-miami
- ***Glory House of Miami:*** www.gloryhouseofmiami.org
- ***City Serve Miami:*** www.christjourney.org/city-serve
- ***Agape Women's Ministry:*** www.theagapenetwork.org
- ***Pete and Jodi Brennan in Brazil:*** amofavelas.pete@gmail.com
- ***Chaouki Boulos, Lebanon:*** www.lfminternational.org
- ***Chris Farrington, Nicaragua:*** losfarringtons@gmail.com
- ***Elly Admiral in Sudan:*** eadmiral24@gmail.com
- ***Children in Ecuador:*** www.amoryesp.org

NOTAS AL FINAL

1 Charles Garfield, Peak Performers (New York: Avon Books, 1986), p. 294.

2 Graham Kendall, "The iPhone in your pocket has over 100,000 times the processing power of the computer that landed man on the moon" ("El teléfono inteligente en tu bolsillo usa una tecnología 100.000 veces más poderosa de la que estaba disponible cuando el hombre aterrizó sobre la luna"), RealClearScience, 2 de julio de 2019.

3 Citado en el blog del primero de diciembre de 2019, D. W. Winnicott dijo una vez: "No hay tal cosa como un bebé, porque un bebé no existe por sí solo". Citado en https://www.istdpnorth.com/blog/tag.Psychoanalysos

4 Encontrado en HELPS Word-studies en la aplicación Bible Hub.

5 https://www.youtube.com/watch?v=ZPkey4aX6wU

6 Citado en "Mother Hen Sacrifices Her Life to Protect Chicks" ("La madre gallina sacrifica su vida para proteger a sus pollitos"), 17 de noviembre de 2009, en https://www.sermoncentral.com/sermon-illustrations/74355/mother-hen-sacrifices-her-life-to-protect-chicks-by-sermoncentral

7 Salary.com, página consultada el 1 de agosto de 2020, https://www.salary.com/articles/ mother-salary/

8 Darcia F. Narvaez, PhD, "The 'On Demand' Life and the Basic Needs of Babies" (La vida 'por encargo' y las necesidades básicas de los bebés"), Psychology Today, 4 de marzo de 2018, https://www.psychologytoday.com/us/blog/moral-landscapes/201803/the-demand-life-and-the-basic-needs-babies

9 Gad Saad, PhD, "Do Parents Recognize Their Infants' Cries?" ("¿Reconocen los padres los llantos de sus bebés?"), Psychology Today, 16 marzo de 2013 https://www.psychologytoday.com/us/blog/ homo-consumericus/201303/do-parents-recognize-their-infants-cries, página consultada el 7 de agosto de 2020.

10 "This Little Light: About the Song" (acerca de la canción "Esta lucecita mía"), Ballad of America, https://www.ballad-ofamerica.org/this-little-light/, página consultada el 18 de agosto de 2020.

11 Doug Yeager, "Remembering Odetta, The Voice of the Civil Rights Movement" ("Recordando a Odetta, la voz del movimiento de los derechos civiles), ascap.com, 20 de febrero de 2018, https://www.ascap.com/news-events/articles/2018/02/odetta-legacy. Véase también https://www.youtube.com/watch?v=7yrB7ePz5CM204

12 Pam McAllister, "Ask Her about Hymn(s)" (Pregúntale a ella acerca de los himnos), 8 de febrero de 2018, http://askher-abouthymn.com/what-gospel-song-became-a-civil-rights-rallying-cry/

13 "What Every Child Needs for Good Mental Health" ("Lo que cada niño necesita para una buena salud mental"), Mental Health America, https://www.mhanational.org/ what-every-child-needs-good-mental-health

14 "It Is Good!" ("¡Es bueno!"), Walter Abercrombie, Baylor "B" Association, 5 de mayo de 2020, https://blogs.baylor.edu/buletterwinners/2020/05/05/it-is-good-3/

15 "Developing Adolescents: A Reference for Professionals" (Capacitar a los adolescentes: una referencia para los profesionales), American Psychological Association, https://www.apa.org/pubs/info/brochures/develop

16 Tika Yupanqui, "Becoming Woman" ("Convertirse en mujer"), 1999, http://www.webwinds.com/ yupanqui/apachesunrise.htm

17 Sonal G, "17 Coming of Age Ceremonies from Other Cultures" (17 ceremonias del paso de la niñez a la adultez de otras culturas"), Babygaga, 12 de mayo de 2016, https://www.babygaga.com/17-coming-of-age-ceremonies-from-other-cultures/

18 Kelly Williams Brown, Adulting: How to Become a Grown-up in 468 Easy(ish) Steps (Madurar: cómo llegar a ser adulto en 468 pasos más o menos fáciles) (New York: Grand Central Publishing, 2013).

19 Julie Beck, "When Are You Really an Adult?" ("¿Cuándo eres realmente un adulto?"), Atlantic, 5 de enero de 2016, https://www.theatlantic.com/health/archive/2016/01/ when-are-you-really-an-adult/422487/

20 "Hay un río de vida," letra y música en inglés de L. Casebolt, https://www.hymnal.net/en/hymn/ns/37/1; (puede verse cantado en español en https://www.youtube.com/watch?v=y-mqkSjTym8)

21 Citado por John C. Maxwell en "Leaving a Legitimate Legacy" ("Vivir el legado legítimo"), 3 de julio de 2013, https://www.johnmaxwell.com/blog/leaving-a-legitimate-legacy/

22 Paul E. Little, How to Give Away Your Faith (Cómo obsequiar tu fe) (Downers Grove, IL: InterVarsity Press, 1966, 1988), p. 83.

23 "Haz lo que quieras", Adelaide A. Pollard, 1906, Nuevo himnario popular, Editorial Mundo Hispano.

24 Tony Campolo, Everything You've Heard Is Wrong (Todo lo que has oído está mal) (Dallas: Word, 1992), p. 73.

25 Frederick Buechner, Wishful Thinking: A Theological ABC (Puras ilusiones: Un abecé de teología) (New York: HarperOne, 1973), p. 95.

RECONOCIMIENTOS

Quiero expresar aprecio y gratitud hacia todas las personas que me ayudaron a llevar a término este proyecto.

Un agradecimiento especial para el equipo de creativos en el personal de la iglesia Christ Journey, quienes ayudaron a dar forma a la estructura de este libro desde su inicio, como una serie de mensajes sobre el discipulado personal, incluso el título "complicado" *Maduro... más o menos*. Estoy en deuda con todos ustedes for el liderazgo inspirado que brindan. Gracias, Charity Betancourt, Jeremiah Pena, Angie Spivak-Lopez, Rosa Arancia, Rafael Bracho, Geoff Gackle, James Martin, Jorge Silvestrini y Melane Sapnier. Gracias, Andrea McWhirter, por compartir tu conocimiento sobre el Ministerio Familiar, y el desarrollo correspondiente a cada edad y etapa, y Jeff Reed, por tu apoyo entusiástico del proceso de crecimiento espiritual incluido en estas páginas.

Aprecio de todo corazón a aquellos con quienes tengo el privilegio de servir en el rol de mentor de otros: pastores Ryan Reed, Rafael Then-Gea, Desi Jimenez, John Churchill, Carlos Fojo, Lance Brown y Jacob Williams. Un agradecimiento especial a mis amigos y co-mentores, pastores recién jubilados, David Wideman y Mark Lesher. Es una alegría servir con todos ustedes.

Gracias, Cindy Cohen, por el diseño creativo y artístico de la cubierta. Y un reconocimiento para A.J. y Andy Lopez por la inspiración de la escritura en la pared mediante arte de grafiti para el diseño de la serie.

Gracias, Bryan Krause, Vannia Enriquez, Jose Diez, Pat Springle y Steve Blount por su inestimable asistencia para traer esta herramienta a su forma impresa. Y me gustaría expresar una gratitud sincera por cada una de las personas que, después de revisar los contenidos de este libro, estuvieron dispuestos a ofrecer sus amables palabras de endoso. ¡Muchísimas gracias!

A los magníficos miembros de la iglesia Christ Journey, que continúan avanzando de manera tan admirable mientras seguimos a Jesús juntos, gracias por concederme el privilegio de ser su pastor. Los amo, oro por ustedes y agradezco a Dios por la manera en que me apoyan y alientan, en especial por la manera en que buscan aplicar las enseñanzas de Jesús para que juntos seamos "completos con toda la plenitud de la vida y el poder que proviene de Dios".

Para Lisa, mi esposa, quien me ha escuchado hasta el cansancio mientras me surgían estas ideas, y creían desde su nacimiento, a través de cada edad y etapa de la vida. Gracias, cariño, por lo que parece una paciencia sin límites y por tus sugerencias. ¡Eres la mejor!

ACERCA DEL AUTOR

Bill White es el pastor principal de la iglesia Christ Journey en Miami, Florida. La iglesia de miles de miembros tiene múltiples sitios y la Iglesia Virtual. Es una congregación *global* y *local,* multinacional y multilingüe. La iglesia ha construido escuelas en la República Dominicana y Ecuador, hogares en Cuba, iglesias en Ruanda y Haití, huertos de vegetales en las Bahamas y una clínica en la India. Este año, ayudó en situaciones catastróficas después de las explosiones en Beirut, el Líbano y los múltiples huracanes que devastaron a Nicaragua. A nivel local, continúa su trabajo de ayudar a familias en situaciones de riesgo, a madres solteras y a víctimas de la adicción a las drogas. Asimismo, ayuda a las personas que son víctimas de la violencia doméstica y la trata de personas. La iglesia tiene el honor de estar incluida en la Red de Liderazgo *400 Gathering* como una de las iglesias más innovadoras de Norteamérica. Desde su comienzo en 2009, la iniciativa *Feed Miami* (Alimentemos a Miami) ha recolectado y distribuido más de 217 toneladas de alimentos, y ha servido más de 360.000 comidas gratis a los hambrientos del condado de Miami-Dade.

El servicio comunitario del Pastor Bill incluye haber sido el ex presidente del Consejo Directivo de Baptist Health South Florida, vice presidente de la junta del Hospital Bautista de Miami y miembro de la junta del Instituto del Cáncer en Miami. Es también presidente de la junta directiva del Ministerio Ágape para mujeres y niños. Siendo un rotario activo por años, se le concedió el honor de recibir la membresía de por vida del Rotary Club de Miami. También es miembro de la Red Multi-Faith Neighbors, una organización que fomenta la confianza y el respeto entre imanes musulmanes, rabinos judíos y pastores evangélicos. También se mantiene activo con los líderes locales del gobierno, la policía, los líderes eclesiásticos y cívicos en busca de la justicia social y racial.

El pastor Bill tiene tres títulos universitarios: una licenciatura de William Jewell College, una maestría en teología y un doctorado en ministerio del Seminario Teológico Bautista del Sur. Además, ha realizado estudios de postgrado en la Universidad de Baylor y en la Universidad de Virginia.

Lisa y Bill tienen dos hijas adultas y dos nietos brillantes. Las aventuras de Bill incluyen el buceo libre en las Bahamas, rapel de cascadas en Carolina del Norte, ciclismo de montaña, planear en ala delta en los Tetons, hacer paracaidismo con los Golden Knights (Caballeros Doraros), andar su motocicleta Harley-Davidson y andar a caballo a lo largo del camino. Desde que escribió este libro, el número de huesos fracturados sigue siendo diez.

EL PUENTE HACIA EL AMOR Y EL PERDÓN DE DIOS

Muchas organizaciones y denominaciones usan una presentación del evangelio llamada "el puente". Cuando quieres hablarle a alguien acerca del poder transformador de Jesús, este método te ayuda a ser simple, claro y preciso. También sigue el fluir temático de la Biblia: la creación, la caída, la redención y la restauración.

1. En la parte superior de la página, dibuja una línea y, sobre ella, a una persona. Junto a la persona, escribe la palabra "Dios".

Explícale: Dios nos creó para tener una relación íntima y maravillosa con Él.

2. Ahora dibuja un diagrama diferente con un abismo entre nosotros y Dios.

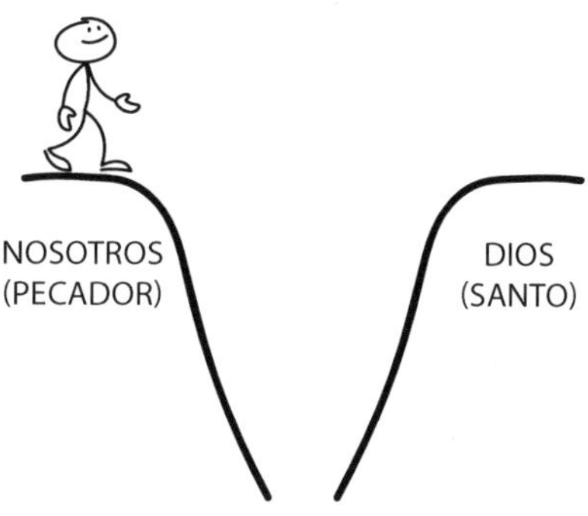

Explícale: Pero hay un problema, un gran problema. El pecado entró en el mundo. El pecado no es solo el incumplimiento de reglas arbitrarias; es elegir vivir la vida independientemente de Dios. Y no estamos solos. La Biblia dice: "Pues todos han pecado y están privados de la gloria de Dios" (Romanos 3:23). El pecado creó un abismo entre nosotros y Dios, y no podemos hacer nada —ni ser lo suficientemente buenos ni generosos, ni amar lo suficiente— para probar que somos dignos de la aceptación de

Dios. Esas son malas noticias, porque la paga de nuestro pecado es la separación eterna de Dios. ¿Hay esperanza para nosotros? ¡Sí la hay!

3. Añade la cruz, cubriendo el abismo.

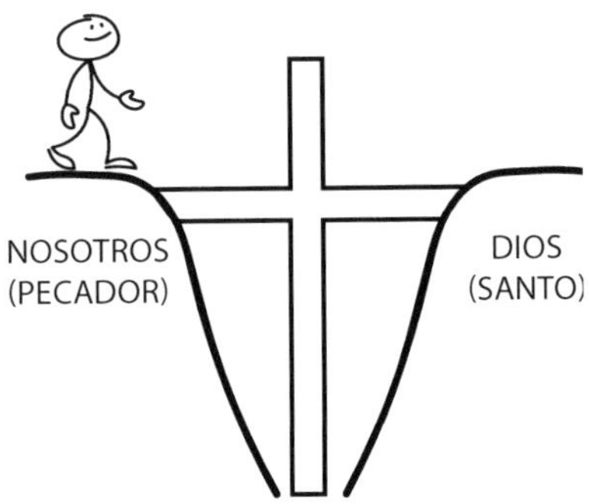

Explícale: La buena noticia —de hecho, la *maravillosa* noticia— es que Jesús hizo por nosotros lo que nosotros no podemos hacer por nosotros mismos. Él padeció la muerte que nosotros merecemos y vivió la vida que nosotros no podemos vivir. "Pero por su gracia son justificados gratuitamente mediante la redención que Cristo Jesús efectuó" (Romanos 3:24). Nuestros pecados son perdonados y recibimos nueva vida en Jesús por lo que Él hizo por nosotros. La paga del pecado es reemplazada por el amor de Dios, y "ya que hemos sido justificados mediante la fe, tenemos paz con Dios por medio de nuestro Señor Jesucristo" (Romanos 5:1). ¿Quién no quiere eso?

4. Añade al diagrama el resto de las palabras.

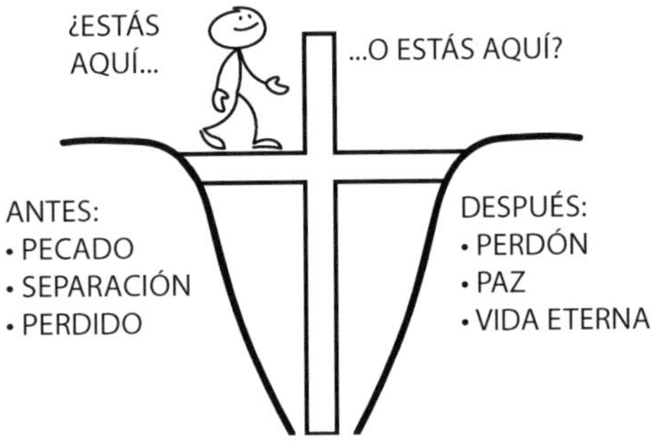

Explícale: Todos tenemos que escoger aceptar o no el regalo de la gracia, el perdón y el amor de Dios. Jesús prometió: "Ciertamente les aseguro que el que oye mi palabra y cree al que me envió tiene vida eterna y no será juzgado, sino que ha pasado de la muerte a la vida" (Juan 5:24). ¿Cómo expresamos que hemos creído en Dios y recibido el regalo de Su gracia? Una manera de hacerlo es hablando con Dios. Lee esta oración, y si expresa lo que hay en tu corazón, pídesela a Dios.

Señor Jesús, te necesito. Entiendo que mis pecados me han mantenido lejos de ti, y necesito tu perdón. Gracias por morir en la cruz para pagar el precio de mis pecados. Gracias por amarme, perdonarme y hacerme tuyo.

Cuando expresamos nuestra fe en lo que Cristo hizo por nosotros, suceden cosas maravillosas: todos nuestros pecados –pasados, presentes y futuros– son perdonados, somos libres de la esclavitud del pecado, y Dios nos da una nueva vida, alegría y poder. Y hay más: somos adoptados como hijos amados de Dios.

Si has expresado tu fe en Cristo y has aceptado Su gracia, o si tienes alguna pregunta acerca de lo que significa todo esto, busca a alguien con quien hablar. Has comenzado la aventura de caminar con el Creador, Salvador y Rey del universo. ¡No hay nada mejor!

CÓMO RESPONDER A LAS PREGUNTAS DE LOS NO CREYENTES

Es nuestro privilegio y nuestra responsabilidad ayudar a otros a pasar de la incredulidad a la fe en Cristo. Si eres nuevo en el campo de la apologética cristiana y las evidencias de la fe, aquí tienes unos recursos excelentes que te ayudarán a comenzar a amar a Dios "con toda tu mente", además de amarlo con tu corazón, tus fuerzas y tu alma.

Para el apático:	*El hombre en busca de sentido,* Victor Frankl
Para el ateo hostil:	*There Is A God,* Anthony Flew ("Hay un Dios", no se ha traducido al español).
	The Question of God, doctor Armand M. Nicoli, Jr. ("La pregunta acerca de Dios", no se ha traducido al español).
Para el ateo racional:	*¿Puede la ciencia explicarlo todo?,* John Lennox
	¿Es razonable creer en Dios?, Tim Keller
	Making Sense of God, Tim Keller ("Encontrarle el sentido a Dios," no se ha traducido al español).
Para el agnóstico terco:	*No basta mi fe para ser ateo,* Norman Geisler
	Mero cristianismo, C. S. Lewis
Para el agnóstico honesto:	*El caso de Cristo,* Lee Strobel
	El caso de la fe, Lee Strobel
	El caso del Creador, Lee Strobel
Para el agnóstico abierto:	*¿Quién es este hombre?,* John Ortberg
Para todos los que están buscando:	*Más que un carpintero,* Josh McDowell

The Search for the Spiritual, James Emery White ("En busca de lo espiritual", no se ha traducido al español).

¿Cuán bueno es lo suficientemente bueno?, Andy Stanley

The Bible – You Can Believe It, James C. Denison ("La Biblia: Puedes creerla", no se ha traducido al español).

Las biografías también pueden ser útiles para revelarnos cómo otros creyentes conocidos se acercaron a Dios (Tim Tebow, Tony Dungee, Francis Collins, etc.).

OTROS RECURSOS

Para encargar más ejemplares de este libro y acceder a recursos de video gratuitos, visita www.pastorbillwhite.com

El libro en formato electrónico está disponible en Amazon.com

Nueve declaraciones . . .

Jesús empieza Su sermón más importante con las bienaventuranzas: nueve declaraciones que ponen a nuestro mundo patas arriba. Está estableciendo una contra-cultura, una forma diferente de ver la realidad con una serie de bendiciones impactantes. Jesús nos pide que vayamos con Él a un reino que desafía todo lo que normalmente creemos y valoramos mucho... y nos ofrece más de lo que podamos imaginar.

¿Suena intrigante? Agárrate fuerte. Considera esta traducción moderna: "La felicidad de Dios viene a los que saben que son pobres. El consuelo divino se derrama sobre aquellos cuyos corazones están quebrantados por el dolor. Si eres verdaderamente humilde, el mundo te pertenece. Y para aquellos de ustedes que están sufriendo por hacer lo correcto... ¡Impresionante! ¡Es hora de celebrar! ¡Perteneces a la galería de personajes famosos de Dios!"

Para encargar ejemplares de este libro en inglés o español,
visita www.Pastorbillwhite.com

Las versiones electrónicas y el libro en audio están disponibles en
Amazon.com